"ධම්මෝ හි වාසෙට්ඨා, සෙට්ඨෝ ජනේතස්මිං
දිට්ඨේ චේව ධම්මේ, අභිසම්පරායේ ච."

වාසෙට්ඨයෙනි, මෙලොවෙහි ත්, පරලොවෙහි ත්
ජනයා අතර ධර්මය ම ශ්‍රේෂ්ඨ වෙයි !

- අග්ගඤ්ඤසූත්‍රය - භාග්‍යවත් බුදුරජාණන් වහන්සේ

නුවණ වැඩෙන බෝසත් කථා - 44
ජාතක පොත් වහන්සේ

(දසක නිපාතය)

පූජ්‍ය කිරිබත්ගොඩ ඤාණානන්ද ස්වාමීන් වහන්සේ

© සියලුම හිමිකම් ඇවිරිණි.

ISBN : 978-624-5524-05-1

ප්‍රථම මුද්‍රණය	:	ශ්‍රී බු.ව. 2564 බක් මස පුන් පොහෝ දින
සම්පාදනය	:	**මහමෙව්නාව භාවනා අසපුව** වඩුවාව, යටිගල්ඔළුව, පොල්ගහවෙල. දුර : 037 2244602 info@mahamevnawa.lk | www.mahamevnawa.lk
ප්‍රකාශනය	:	**මහාමේඝ ප්‍රකාශකයෝ** වඩුවාව, යටිගල්ඔළුව, පොල්ගහවෙල. දුර : 037 2053300, 076 8255703, 070 511 7 511 info@mahamegha.store | www.mahamegha.store
මුද්‍රණාලය	:	**ලීඩ්ස් ග්‍රැෆික්ස් (පුද්.) සමාගම,** අංක 356 E, පන්නිපිටිය පාර, තලවතුගොඩ. ටෙලි: 011-4301616 / 0112-796151

නුවණ වැඩෙන
බෝසත් කථා - 44
ජාතක පොත් වහන්සේ
(දසක නිපාතය)

සරල සිංහල පරිවර්තනය

**පූජ්‍ය කිරිබත්ගොඩ ඤාණානන්ද
ස්වාමීන් වහන්සේ**

මහාමේඝ
MAHAMEGHA

ප්‍රකාශනයකි

පෙරවදන

ජාතක පොත් වහන්සේ ඔබ කියවලා ඇති. කුඩා අවධියේත්, පාසලේදීත්, සරසවියේත්, පන්සලේ බණ මඩුවේත්, වෙසක් නාඩගමේත් අපි ජාතක කථා රස වින්දෙමු. නමුත් එහි සැබෑ අරුත කුමක් දැයි තේරුම් ගන්නට අප සමත් වූ වගක් නම් නොපෙනේ.

'නුවණ වැඩෙන බෝසත් කථා' නමින් ඒ ජාතක කථා ඔබේම භාෂාවෙන් ඔබට කියවන්නට ලැබෙන්නේ එයින් ඉස්මතු වන අරුතත් සමඟිනි. මෙහි අරුත් දැන එම කථාවත් මතක තබා ගෙන සත්පුරුෂ ගුණධර්ම දියුණු කර ගන්නට මහන්සි ගන්නේ නම් එය ජාතක කථාවෙන් ඔබට ලැබෙන සැබෑම ප්‍රතිඵලයයි.

හැම දෙනාටම තෙරුවන් සරණයි!

මෙයට,
ගෞතම බුදු සසුන තුළ මෙත් සිතින්,
පූජ්‍ය කිරිබත්ගොඩ ඤාණානන්ද ස්වාමීන් වහන්සේ
ශ්‍රී බුද්ධ වර්ෂ 2560 ක් වූ වෙසක් මස 31 දා

මහමෙව්නාව භාවනා අසපුව
වඩුවාව, යටිගල්ඔළුව,
පොල්ගහවෙල.

පටුන

44. දසක නිපාතය

01. චතුද්වාර ජාතකය
සිව් දොරටුවක් ඇති උස්සද නිරය පිළිබඳ කතාව 9

02. කණ්හ ජාතකය
කණ්හ මහා ඍෂිවරයා පිළිබඳ කතාව 20

03. චතුපෝසථික ජාතකය 30

04. සංඛ ජාතකය
සංඛ බ්‍රාහ්මණයාගේ කතාව 31

05. චුල්ලබෝධි ජාතකය
ක්‍රෝධයේ වසඟයට නොගිය බෝසතුන්ගේ කතාව 41

06. කණ්හදීපායන ජාතකය
පවට ලැජ්ජා භය ඇතිව විසූ තවුසාගේ කතාව 52

07. නිග්‍රෝධ ජාතකය
නිග්‍රෝධ බෝසත් රජුගේ කතාව 67

08. තක්කල ජාතකය
හිඟුරල හාරන්ට ගිය පියා ගැන කතාව 79

09. මහා ධම්මපාල ජාතකය
දීර්ඝායුෂ ලද ධර්මපාල පරපුර ගැන කතාව 91

10. කුක්කුට ජාතකය
බෝසත් කුකුළා ගැන කතාව 101

11. මට්ටකුණ්ඩලී ජාතකය
සෝක දුක දුරුකරගත් උපාසකගේ කතාව 107

12. බිළාරකෝසිය ජාතකය
බිළාරකෝසිය සිටාණන්ගේ කතාව 114

13. චක්කවාක ජාතකය
    සෑහීමට පත්නොවුණු කපුටා ගැන කතාව 128
14. හුරිපඤ්ඤද ජාතකය 134
15. මහා මංගල ජාතකය
    මංගල කරුණු කියූ බෝසත් තවුසාගේ කතාව 135
16. සතපණ්ඩිත ජාතකය
    සත පණ්ඩිතයන්ගේ කතාව 146

නමෝ තස්ස භගවතෝ අරහතෝ සම්මාසම්බුද්ධස්ස
ඒ භාග්‍යවත් අර්හත් සම්මා සම්බුදුරජාණන් වහන්සේට නමස්කාර වේවා!

01. චතුද්වාර ජාතකය
සිව් දොරටුවක් ඇති උස්සද නිරය පිළිබඳ කතාව

පින්වතුනේ, පින්වත් දරුවනේ,

ඇතැම් දරුවන්, ශිෂ්‍යයන් ආදී පිරිස් සිය මව්පිය ගුරුවර ආදී වැඩිහිටියන්ගේ ඔවදන් ගණනකට ගන්නේ නෑ. ඔවුන් හිතුවක්කාර ලෙස තම තමන්ගේ අදහස් ම දැඩිව ගෙන තමන්ගේ යහපත පැතූ වැඩිහිටියන්වත් තලා පෙළා කටයුතු කරනවා. මරණින් මතු ඔවුන් මුහුණ දෙන ඉරණම ඉතා භයානකයි. තමන් කළ පව් නිසා ම දුක් විඳින්ට සිදුවෙනවා. කර්ම විපාක අවසන් වුණත් අවවාද නුරුස්සන හිතුවක්කාර ගති නම් නැති වෙන්නේ නෑ. එය සසර පුරා බලපවත්වනවා. මෙය එබඳු කථාවක්.

ඒ දිනවල අපගේ භාග්‍යවතුන් වහන්සේ වැඩවාසය කොට වදාළේ සැවැත් නුවර ජේතවනයේ. ඒ කාලයේ එක්තරා තරුණයෙක් පැමිණ බුදුසසුනෙහි පැවිදි වුණා. ටික දවසක් යන විට මේ නවක පැවිද්දාට තමන්ට උපකාර කළ ආචාර්ය උපාධ්‍යායන් වහන්සේලා පවා අමතක වුණා. වැඩිහිටි භික්ෂූන්ව අමතක වුණා. කාගේවත්

අවවාද පිළිගත්තේ නෑ. හිතුවක්කාර ලෙස හැසිරෙන්ට වුණා. එතකොට භික්ෂූන් වහන්සේලා මොහු අකැමති ව සිටියදී ම භාග්‍යවතුන් වහන්සේ වෙත කැඳවාගෙන ගියා. මොහුගේ අකීකරුකම ගැන පැමිණිලි කළා. භාග්‍යවතුන් වහන්සේ ඒ භික්ෂුවගෙන් මෙසේ අසා වදාළා.

"හැබෑද භික්ෂුව? තොප අවවාද නොපිළිගන්නා දුර්වච කෙනෙක් ද?"

"එහෙමයි ස්වාමීනී. මා අතින් ඒ වරද වෙනවා."

"භික්ෂුව, පෙර ආත්මයෙත් තොප ඔය දෝෂයෙන් ම යුක්ත වුණා. තමාට හිතෛෂී නුවණැතියන්ගේ අවවාද පිළිගත්තේ නෑ. අන්තිමේදී උස්සද නිරයට පිවිස බිහිසුණු උරචක්‍රයක් දරාගෙන අනන්ත දුක් විඳින්ට සිදුවුණා" කියා මේ චතුද්වාර ජාතකය වදාළා.

"මහණෙනි, ඒ කාශ්‍යප නම් වූ තථාගත අර්හත් සම්මා සම්බුදුරජාණන් වහන්සේ වැඩසිටි කාලය යි. ඔය කාලයේ අසූකෙළක් ධනයකට හිමිකම් කී සිටුපුත්‍රයෙක් එහි වාසය කළා. ඔහුගේ නම මිත්තවින්දක. ඔහුගේ මව්පියෝ සෝවාන් ඵලයට පත්ව සිටියේ. නමුත් ඔහු කිසි ශ්‍රද්ධාවක් නැති දුසිල් අයෙක්.

පසු කලෙක ඔහුගේ පියා අභාවයට පත්වුණා. පවුලේ සියලු කටයුතු සොයා බැලුවේ මෑණියන් විසිනුයි. දිනක් ඒ මව් සිය පුත්‍රයාට මෙය කීවා.

"අනේ මයෙ පුතේ.... මේ අහන්ට. ඔයා ලද ඔය මනුෂ්‍ය ජීවිතේ ගොඩාක් දුර්ලභයි. සම්බුදුරජාණන් වහන්සේ නමක් ජීවමාන ව වැඩවසන මෙබඳු කාලයක් ගොඩාක් ම දුර්ලභයි මයෙ පුතේ... අනේ පුතේ, ඒ

නිසා ඔයාත් දානෙ දෙන්ට. සිල් රකින්ට. උපෝසථ සිල් රකින්ට. බණත් අසන්ට."

"මේ... අම්මේ... මගේ පාඩුවේ මට ඉන්ට දෙන්ට. අම්මා ගැන මං කොහොමත් දන්නවා. මට ඔය විකාරවලින් වැඩක් නෑ. මට උපදෙස් දෙන්ට එන්ට එපා. මං යන ගමන ගැන මට තේරෙනවා."

සිය පුතු මෙසේ කියද්දීත් මේ අම්මා පුතුට යහපත සලසන අදහස අත්හැරියේ නෑ. පුන් පොහෝ දවසක නැවතත් මෙසේ කීවා.

"බලන්ට මයෙ පුතේ... අද ලාස්සනට පුන් සඳ පායන දවස. මහ උපෝසථ දිනය නොවැ. අනේ පුතේ, ඔයා අද වෙහෙරට යන්ට. ගොහින් අට්ඨාංග උපෝසථ සිල් ගන්ට. රැය පුරාත් බණ අහලා එන්ට පුතේ. එහෙම කළොත් මං ඔයාට කහවණු දහසක් ම දෙනවා."

"හෝ... එහෙනම් මට යන්ට බැරිකොමක් නෑ." කියා මිත්තවින්දක ධනාශාවෙන් ම උපෝසථ සිල් සමාදන් වුණා. හීලට බත් අනුභව කළා. වෙහෙරට ගියා. දවස පුරා තැනින් තැන වැටී ගත කළා. රෑ කාලයේ එක බණ පදයක්වත් කනට නෑසෙන මායිමකට වී හොඳට ගුලි ගැසී නිදාගත්තා. පාන්දරින් අවදි ව මුව සෝදාගෙන ගෙදර ගියා.

සිය පුතු රැය පුරා බණ අසා පසුදා දානයට ධර්මකථික තෙරුන්නාන්සේ නමකුත් වඩමවාගෙන ඒ ය කියා සිතූ අම්මා දානයත් පිළියෙල කොට ආසන පණවා මග බලා සිටියා. සිටුපුත්‍රයා තනියම ආවා.

"අනේ ඇයි පුතේ... අපගේ ධර්මකථිකයන් වහන්සේ නමක් වඩමවාගෙන ආවේ නැද්ද?"

"මොන... මොන ධර්මකථිකයෙක් ද? උන්දැලාගෙන් මට වැඩක් තියෙයි කියලද හිතන්නේ? එහෙම දෙයක් නෑ."

"මීහ්... එහෙනම් පුතේ, මේ කැඳ ටික බීලා ඉන්ට."

"බෑ... මං කොහොමෙයි එහෙම කැඳ බොන්නේ? කෝ අම්මා දෙනවයි කියපු කහවණු දහස? ඉස්සර වෙලා මට ඒක දෙන්ට. ඊට පස්සෙයි කැඳ බොන්නේ."

එතකොට අම්මා ඔහු අත කහවණු දහසක පසුම්බියක් තැබුවා. ඔහු කැඳ බී මුදල් ද ගෙන පිටත් වුණා. ඒ මුදලින් වෙළඳාමක් පටන් ගත්තා. සුළු කලකින් කහවණු එක්ලක්ෂ විසිදහසක ආදායමක් ලැබුවා. ඊට පස්සේ මොහු සිතුවේ නැව් නැගී වෙන රටකට ගොස් තවත් ආදායම් උපදවා ගන්ටයි. ඒ අනුව නැව් නගින්ට කටයුතු පිළියෙල කරගත්තා.

"අම්මේ... මං වෙළඳාම් කටයුතු කරන්ට නැව් නැගී යනවා."

"ඈ... මයෙ පුතේ... ඔයාට මේ සිටුගෙදර ඕනෑතරම් ධනය තියෙන්නේ. ඔය භයානක අනතුරු ඇති මුහුදකට වැදී ගොහින් කරන වෙළඳාම මොකක්ද...? කියන දේ අහපං පුතේ... ඔය නැව් ගමන යන්ට එපා! මං කැමති නෑ නෑ ම යි!"

"මේ... අම්මේ... මං කරන්නේ මට ඕනෑ දේ යි හරි..? මයෙ ගමන නවත්තන්ට කාටවත් බෑ."

"ඇයි බැරි...? මං උඹේ අම්මා. අම්මෙක්ට බැරි මොකෝ තමුන්නේ දරුවාව රකින්ට? නෑ... මං යන්ට

දෙන්නෙ ම නෑ" කියා පුත්‍රයාගේ අතින් ඇද්දා. එතකොට ඔහු අත ගසා දමා මච්චට පහර දුන්නා. තල්ලු කොට බිම පෙරලුවා. මෙසේ මව්ට අනතුරු කොට නැව් නැගී පිටත් වුණා. කරදරයක් නැතුව නැව මුහුදේ ගියේ සය දවසයි. සත්වෙනි දවසේ නැව මුහුද මැද නැවතුණා. එතකොට නැව් කප්පිත්තා මෙමහෙම කිව්වා.

"මේ නැවේ පව්කාරයෙක් ඉන්ට ම ඕනෑ. ඒ නිසයි නැවතුණේ. පව්කාරයා නැවෙන් බස්සනතුරා අපට ගමනක් නෑ." කියා නැව් කප්පිත්තා ඇතුළු පිරිස පව්කාරයා සෙවීමට තුණ්ඩු ඇද්දා. තුන් වතාව ම තුණ්ඩුව ලැබුණේ මිත්තවින්දකට යි.

එතකොට ඔවුන් මිත්තවින්දකට පහුරක් දුන්නා. "මේ එක්කෙනෙක් නිසා ඔක්කෝම විනාශ වෙන්ට ඕනෑ නෑ. දැන් ඔහේ හැකි අයුරින් ජීවිතේ බේරාගන්ට කියා නැවෙන් බැහැර කළා. මිත්තවින්දක පහුර මත මුහුදේ තනි වුණා. නැව වේගයෙන් මුහුදට වැදුණා.

මිත්තවින්දක පහුරේ පාවී ගොස් එක්තරා දූපතකට සේන්දු වුණා. එහි පළිඟු විමානයක විමාන ප්‍රේතියන් සිව්දෙනෙක් සිටියා. ඒ විමාන ප්‍රේතියන් කර්මානුරූපව සතියක් සැප විඳිනවා. නැවත සතියක් දුක් විඳිනවා. ඔවුන්ගේ සැප විඳින සතිය පටන් ගත් අලුතමයි මිත්තවින්දක ආවේ. ඒ නිසා ඔහු ඒ ප්‍රේතියන් සමග සතියක් කම්සුව වින්දා.

ඊළඟට ප්‍රේතියන්ට දුක් දෙන සතිය ආවා. 'අනේ ස්වාමී... අපි තව සතියකින් ඔයැයිව බලන්ට එන්නම්. එතෙක් මෙහි ම ඉන්ට ඕනෑ හොඳේ...' කියා එතැනින් නොපෙනී ගියා. අධික තණ්හාවෙන් යුතු මොහු ඒ සතිය

ඉවසිය නොහැකිව පහුරේ නැගී යළි මුහුදු රළ මතින් ගියා. ඔහුට තව දූපතක් හමුවුණා. එහි මිණිවිමනක ප්‍රේතියන් අටදෙනෙක් සිටියා. ඔවුන් සමගත් කම්සුව වින්දා. එතැනිනුත් පිටත් වුණා. යළිත් ප්‍රේතියන් දහසය දෙනෙක් මුණගැසුණා. ඊළඟට ප්‍රේතියන් තිස් දෙදෙනෙක් මුණගැසුණා. ඔවුන් සමගත් කම්සුව විඳ ඔවුන්ට දුක් විඳින්ට කල් පැමිණුනවිට අධික ආශාවෙන් තව ප්‍රේතියන් සොයනු පිණිස පහුරට නැගී මුහුදු දියට වැදුණා.

මෙසේ මුහුදේ පාවෙමින් සිටියදී මහා පවුරකින් වටකොට, සිව් දොරටුවකින් සැදුම් ලත් නගරයක් දැක්කා. ඒ උස්සද නිරය යි. තමා විසින් කරන ලද කර්මයන්ගේ විපාක විඳින බොහෝ නිරිසතුන් එහි ඉන්නවා. මිත්තවින්දක මෙතෙක් කල් සැප වින්දේ තමන් එක් දවසකට සමාදන් වූ සිල් ගුණයේ ආනුභාවය නිසා බව ඔහු දැනසිටියේ නෑ. නමුත් දැන් ඒ පින ගෙවී ගියා. සෝවාන් ඵලයට පත්ව සිටි සිය මව්ට කළ වරදට විපාක විඳින අවස්ථාව පැමිණුනා. පාප කර්මය විඳීම පිණිස මොහුට උස්සද නිරය පෙනුණේ අලංකාර රාජ්‍යයක් ලෙසට යි.

'ෂා... අපූරු නුවරක්... මේ නගරයෙහි මට රජවෙන්ට ඇත්නම් හොඳා...' කියා සිතා නුවරට පිවිසුණා. සැණෙකින් දොර වැසී ගියා. උරචක්‍රයක් හිසේ සිට ගෙල දක්වා කිඳා බැසීම නිසා අඳෝනා නගමින් දුක් විඳින නිරිසතෙක් ව මොහු දුටුවා. මොහුට පෙනුණේ අලංකාර නෙළුමක් ගෙලේ පළඳා සිටින ආකාරය යි. ගෙලත් දැත් දෙපයත් යන පස් තැනින් බඳින ලදුව උරචක්‍රයෙන් හිස පටන් ගෙල දක්වා කැප කැපී සිටින මොහු පෙනුණේ සඳුන් කල්ක තවරා සිටින ආකාරය යි. ඉවසිය නොහැකි

වේදනාවෙන් නගන විලාපය මොහුට ඇසුණේ මියුරු සරින් ගී ගයනා ආකාරයට යි.

මිත්තවින්දක මේ නිරිසතා වෙත ගියා. "භවත, දැන් තොප බොහෝ කල් ඔය පියුම් චක්‍රය ගෙල දමා සිටියා ඇති නේද? මේ මට දෙව."

"අයියෝ මිතුර... තොප මොනාද කියන්නේ? මේ පියුමක් නොවේ. භයානක ඛුරචක්‍රයක්."

"හහ් හා... ඇයි තොප බොරු කියන්නේ? ඔය නෙළුම මට දෙන්ට අකැමතියි නේද? බොරු නොකියා මෙය මට දෙව."

එතකොට නිරිසතා මෙසේ සිතුවා. 'ඕහ්... එහෙනම් දැන් මගේ කර්ම විපාකය ගෙවී අවසන් වගේ. මොහුත් මා මෙන්ම සිය මව්ට පහර දී ආවෙකු විය යුතුයි' කියා සිතා මෙය කීවා.

"හොඳා... මං මේ පියුම් චක්‍රය තොපට දෙනවා. එය ගන්ට" කියා ඛුරචක්‍රය දෑතින් ඇල්ලූ සැණින් එහි කරකැවීම නැවතුණා. පහසුවෙන් ගැලවී ආවා. ඊට පස්සේ ඔහු මිත්තවින්දකගේ හිසේ එය දැම්මා. එය දැමූ සැණින් හිස කපාගෙන ගෙලට බැස හිරවුණා. නොඉවසිය හැකි වේදනාවෙන් මිත්තවින්දක විලාප දුන්නා.

"අයියෝ... මෙය මට එපා! මෙය ගනිං... මෙය ගනිං..." කියද්දී ම අර නිරිසතා ඒ ආත්මයෙක් චුත ව නොපෙනී ගියා.

ඔය කාලයේ මහබෝධිසත්වයෝ තව්තිසාවේ සක්දෙව් රජ ව වාසය කළා. සත්වයන්ගේ කර්ම විපාක

පිළිබඳ තොරතුරු සෙවීම පිණිස ඔහු දිනක් සිය පිරිවර දෙවියන් සමග උස්සද නිරයට පැමිණියා. කටුක දුක් විඳිමින් සිටි මිත්තවින්දක සක්දෙව් රජ දැක බැගෑ හඬින් හඬමින් මෙය කීවා.

"අනේ ස්වාමී, දිව්‍යරාජයන් වහන්ස, මේ චක්‍රය කුරහන් ගලක තල දමා අඹරනවා වගේ මගේ හිස අඹරමින් ගෙල දක්වා උඩට නගිනවා. පහළට බසිනවා. අයියෝ... මා කුමන පවක් කළාට දෙවියනි මේ තරම් දුක් විඳින්නේ?" කියා මේ ගාථාවන් කිව්වා.

1. සිව් දොරටු කවුළුවකින් සැදී
පවුරු පදනමින් තිරසර - මෙය ලෝහ නගරයක්
අයියෝ මං දැඩිව සිරවුණා -
මා අතින් කවර පවක් ද වූයේ?

2. කූඩුවේ සිරවුණු කුරුල්ලෙකු වගේ
හැම දොරක් ම තදින් ඇත වැසී
හිසේ පටන් ගෙල දක්වා ඉහළට පහළට
කැරකි කැරකි කැපෙමින් බසිනා -
උරචක්‍රයකින් පහර කමින් සිටිනවා

එතකොට සක්දෙව් රජ මිත්තවින්දකගේ පෙර කර්මය සිහිපත් කරමින් මේ ගාථාවන් පැවසුවා.

3. කහවණු ලක්ෂයකුත් විසිදහසක් ලැබුණා නොවැ තට
අනුකම්පා ඇති තගේ -
සෝවාන් මව්ගෙ වචනයත් නොඅසා
ඇයට පහර දී අනතුරු කොට -
නොවේ ද තා මුහුදු ගමන් ආවේ?

4. මුහුදු දියෙන් නැවක නැගී යන අතරේ
දියුණුව අඩු අනතුරු වැඩි මහසයුරේ
පහුරක බැස තනිවම තට යන්ට වුණා නේ
එක් දවසක් සිල් රැකි පින පලදීමෙන්
විමාන ප්‍රේතියන් සතරක් අටක් දහසයක් ලැබුණානේ

5. යළි දෙතිස් ප්‍රේතියන් ද ලබා සැපසේ ඉන්නා අතරේ
තා සිල් රැකි පින අවසන් වී ගියා
මවට පහර දුන් අකුසල් මතු වී ආවා
තෘප්තියක් නොමැතිව අධික ආසාවෙන් -
තවත් සැප සොයා
උස්සද නිරයටයි දැන් තා ඇවිදින් ඉන්නේ
තා හිස මත උරචක්‍රයකුයි කැරකෙන්නේ

6. කිසිදා නොපිරෙන මහ සයුරක් විලසින්
දැඩි තණ්හාවෙන් තා පෙළෙමින් ඉන්නේ
සැප ම සොයා යන මේ ගමනේ
යමෙක් ලොවේ ආසාවට ගිජු ව වසයි නම්
ඒකාටත් උරචක්‍රය දමන්ට වෙන්නේ

7. මව්පිය උරුමයට අයත් බොහෝ ධනය හැර දමා
දියුණුවක් නොමැති අනතුරු වැඩි සයුරට වැදුණා
නුවණින් නොසිතා මෙලෙස කරන කාටත් මෙලොවේ
උරචක්‍රය දමා ගන්ට වෙන්නේ

8. තමා කරන දේ හරි දෝ වැරදි දෝ කියා
නුවණින් විමසා බලන්ට ඕනෙ නැණවතා
ඔහු මහත් භෝග රැස්කරගන්නේ
තමහට විපත ලබාදෙන දේ ගැන
ආසාවක් නැතුවයි කල් ගත කළ යුත්තේ

9. **අනුකම්පාවෙන් දෙන ඔවදනට සවන් දී**
නුවණින් විමසා වැඩ කරන තැනැත්තා හට
මේ උරචක්‍රය නෑ උරයට බැසගන්නේ

දෙව්රජුගේ මේ ගාථාවන් ඇසූ මිත්තවින්දක මෙසේ සිතුවා. 'අයියෝ... දැන් මේ දිව්‍යරාජයෝත් දන්නවා නොවැ මා අතින් සිදු වූ අකුසල් ගැන. මම් මේ විඳින පාප කර්මය අවසන් වන්නේ කවදාද කියාවත් අඩු ගණනේ දැනගන්ට ඕනෑ' යි සිතා මේ ගාථාව පැවසුවා.

10. **අනේ දෙවිය වදාළ මැන මේ උරචක්‍රය ගැන**
තව කොපමණ කලක් මෙසේ -
කුඹල් සකක් කැරකෙන සේ
මා හිස මත රිදුම් දිදී කරකැවේවි දෝ

එවිට මහබෝසත් සක්දෙවිඳු මේ පිළිතුරු ගාථාව පැවසුවා.

11. **මිත්තවින්ද අසව මෙමා පවසන මේ බස**
කියන්ට නොහැකිය ගෙවනා කාලය තොපහට
ගුණවත් මව් පෙළූ වරද ඇත තොප යට කොට
දහස් ලක්ෂ ගණන් වසර ගෙවී ගියද ලොව
මේ උරසක නොයන්නේය තොපගෙන් බැහැරට

එම්බා මිත්තවින්දක, කරන්ට දෙයක් නෑ. තා විසින් ම යි මේ පාප කර්මය කළේ. ඒ විපාකය අවසන් නොවනතුරු ම ඔය විදිහට ජීවත් වෙන්ට සිදුවෙනවා ම යි. නිදහසක් නම් නෑ. යම් දවසක කර්ම විපාකය ගෙවුණොත් අන්න එදාට මේ උරචක්‍රයෙන් තමා නිදහස් වේවි. වෙනත් කර්මයකට අනුරූපව වෙන තැනකට යාවි." කියා පැවසූ දෙව්රජ තව්තිසාවට ගියා. මිත්තවින්දක මහා දුක් විඳිමින්

බොහෝ ලක්ෂ ගණන් අවුරුදු උස්සද නිරයේ ම කල් ගත කළා.

මෙය වදාළ භාග්‍යවතුන් වහන්සේ අනුකම්පාවෙන් යුතුව අවවාද දෙන මාපිය ගුරුවරුන්ගේ බසට අකීකරු වීමේ විපාක දක්වා දහම් දෙසා වදාළා. "මහණෙනි, එකල සිය ගුණවත් මව්ට අකීකරු ව ගිය මිත්තවින්දක ව සිටියේ අදටත් අකීකරු ව සිටිනා මේ දුර්වච භික්ෂුව යි. සක්දෙව්රජ ව සිටියේ මම ය" කියා මේ ජාතකය නිමාකොට වදාළා.

02. කණ්හ ජාතකය

කණ්හ මහා ඍෂිවරයා පිළිබඳ කතාව

පින්වතුනේ, පින්වත් දරුවනේ,

මේ කථාවෙන් කියවෙන්නේ අප මහා බෝසතුන් නෙක්ඛම්ම පාරමිතාව පිරූ ආකාරය යි. ඒ දිනවල අපගේ භාග්‍යවතුන් වහන්සේ වැඩවාසය කොට වදාළේ කපිලවස්තු නුවර නිග්‍රෝධාරාමයේ. දිනක් අපගේ භාග්‍යවතුන් වහන්සේ භික්ෂු සංඝයා පිරිවරා නිග්‍රෝධාරාමය පිහිටි පෙදෙසේ සක්මනේ යෙදී වැඩසිටියා. එහිදී එක්තරා ප්‍රදේශයක් දෙස බලා මඳ සිනහ පහළ කොට වදාළා. එතකොට අපගේ ආනන්දයන් වහන්සේ භාග්‍යවතුන් වහන්සේගෙන් එකරුණ විමසා සිටියා.

"ස්වාමීනී භාග්‍යවතුන් වහන්ස, කුමක් හෙයින් සිනහ පහළ කළ සේක් ද? තථාගතයන් වහන්සේලා නිකරුණෙහි සිනහ නොවන සේක. එහෙයින් මම ඇඳිලි බැඳ වන්දනා කොට සිනහ පහළ කොට වදාළ කරුණ කුමක්දැයි අසමි."

"ආනන්ද, බොහෝ පෙර කාලෙක මේ ප්‍රදේශයේ කණ්හ නමින් මහා ඍෂිවරයෙක් වාසය කළා. ඔහු ධ්‍යානලාභීව, ධ්‍යානයට ම සිත අලවා සිටි අයෙක්. ඔහුගේ සිල් තෙදින් ශක්‍ර භවන පවා කම්පා වුණා."

"ස්වාමීනී භාග්‍යවතුන් වහන්ස, භවයෙන් වැසී ඇති ඒ කණ්හා මහා ඍෂිවරයාගේ කථාව කියා දෙන සේක්වා!" කියා අපගේ ආනන්දයන් වහන්සේ ඇරයුම් කොට සිටියා. එවේලෙහි භාග්‍යවතුන් වහන්සේ මේ කණ්හ ජාතකය වදාළා.

බොහෝ ඈත අතීතයෙහි බරණැස බ්‍රහ්මදත්ත නම් රජෙක් රාජ්‍ය විචාරමින් සිටියා. ඔය කාලයේ බරණැස ම අසූකෙළක් ධනය ඇති බ්‍රාහ්මණයෙක් වාසය කළා. ඔහුට දරුවන් නෑ. එනිසා ඔහු දරු සම්පතක් පතා සිල් සමාදන් වුණා. ඒ හේතුවෙන් ඔහුගේ බිරිඳ වූ බැමිණියගේ කුසේ මහා බෝධිසත්වයෝ පිළිසිඳ ගත්තා. බෝධිසත්වයෝ උපන්නාට පසු කාල වර්ණයෙන් යුක්තයි. එනිසා නම් තබන දා කණ්හ කුමාරයා යන නම ලැබුණා. සොළොස් හැවිරිදි කාලයේ නිල් මැණික් පිළිමයක් බඳුව මහා කඩවසම් පෙනුමින් යුක්ත වුණා. ශිල්ප ශාස්ත්‍ර හදාරා නිමාකොට පැමිණි කණ්හ කුමාරයාට සුදුසු බ්‍රාහ්මණ දැරියකුත් විවාහ කොට දුන්නා.

මව්පියන් අභාවයට පත්වීමෙන් පසු සියලු ධන සම්පත්වල අයිතිය කණ්හ බ්‍රාහ්මණයා සතු වුණා. දිනක් මොහු ගබඩා විවෘත කරවා උතුම් ආසනයක වාඩි වී රන් පත්ඉරු පොත ගෙන්වාගෙන වස්තුව ගැන ලියූ ලියවිල්ල කියෙව්වා. එහි අසවල් ඥාතීන් උපදවන ලද මෙපමණ ධනයක් තිබේ ය. අසවල් ඥාතීන්... අසවල් ඥාතීන් උපදවන ලද මෙපමණ ධනයක් තිබේ ය කියා සටහන් ව තිබුණා. එතකොට බෝධිසත්වයෝ මේ ගැන සිතන්ට පටන් ගත්තා.

'හෝ... මේ ධනය ඉපිදවූ කවුරුවත් දැන් ජීවතුන් අතර නෑ. නමුත් ධනය පමණක් තියෙනවා. ඒ කාටවත්

ම මේ ධනය පොට්ටනි බැඳ පරලොව ගෙන යන්ට ලැබුණේ නෑ. ජලයට, ගින්නට, සොර සතුරන්ට, අප්‍රිය දායාදයට මෙන්ම අනිත්‍යතාවටත් සාධාරණ වූ මේ අසාර ධනයෙන් ලබන සාරය නම් දන් දීම ම යි. බොහෝ රෝගයන්ට කැදැල්ලක් බඳු මේ අසාර කයෙන් ලබන සාරය නම් සිල්වතුන්ට වැඳුම් පිදුම් කිරීම ම යි. අනිත්‍ය ධර්මයෙන් පීඩිත මේ අසාර ජීවිතයේ සාරය නම් අනිත්‍ය වශයෙන් විදර්ශනා මනසිකාර කිරීම ම යි. එනිසා අසාර වූ ධන සම්පත්තියෙන් සාරය ගැනීමට දානය ම දෙන්ට ඕනෑ' කියා අදිටන් කරගත්තා.

ඊට පස්සේ කණ්හ බ්‍රාහ්මණයා රජ්ජුරුවන්ට බැහැදකින්ට ගියා. ගොහින් තමාගේ සියලු ධනය දන්දීමට අවසර ගත්තා. සතියක් පුරා මහදන් දුන්නා. ඒත් අවසානයක් නෑ. මේ ධනයෙන් මට වැඩක් නෑ කියා ඒ මොහොතේ ම සියල්ල අත්හරින්ට කල්පනා කළා. වනයට ගොස් පැවිදි ව ධ්‍යාන උපදවා බඹලොව උපදින්ට ඕනෑ කියා සිතා නිවසේ සියලු දොරවල් හැරියා. 'කැමති කෙනෙක් කැමති දෙයක් රැගෙන යත්වා!' කියා අසුචි සේ පිළිකුල් කොට වස්තු කාමය අත්හැරියා. මහජනයා හඬා වැලපෙද්දී නගරයෙන් නික්ම ගියා. හිමාලයට පිවිස ඍෂි පැවිද්දෙන් පැවිදි වුණා. තමන්ගේ වාසයට සුදුසු භූමියක් සොයාගෙන මේ ස්ථානයට පැමිණියා. තපස් කිරීම පිණිස මෙහි වාසය හොඳය කියා මේ ප්‍රදේශයේ තිබූ තියඹරා ගසක් ඇසුරෙන් වාසය කළා.

කණ්හ ඍෂිවරයා ඒ තියඹරා රුක් සෙවණේ ම යි රෑ දහවල් ගත කළේ. ගම්වල කුටියක වාසයට ගියේ නෑ. ඒ කාලයේ මේ ප්‍රදේශය මහවනාන්තරේ. ඉතින් ඔහු තියඹරා රුක් සෙවණේ කුටියක්වත් තනා ගත්තේ නෑ.

සීතට, වැස්සට, පැවිල්ලට සිටියේත් මේ රුක් සෙවණේ එළිමහනේ ම යි. ඉතින් කයට ගොඩක් වෙහෙස දැනුණොත් එතන ම බිම හාන්සි වෙනවා. ගිනි ගොඩක්වත් ගැසුවේ නෑ. ආහාරයට ගත් කිසිවක් ගින්නෙන් තැම්බුවෙත් නෑ. පොතු ඇති ධාන්‍ය කිසිවක් ආහාරයට ගත්තෙත් නෑ. සුළඟට, රස්නෙට, වැස්සට සම පොළොවේ වාසය කළා. එදා ඒ ආත්මයේ බෝධිසත්වයෝ ගත කළේ ඉතා දැඩි අල්පේච්ඡ ජීවිතයක්.

වැඩිකල් ගියේ නෑ. ධ්‍යාන අභිඥා සමාපත්ති උපදවා ගත්තා. ධ්‍යාන සැපයෙන් ම වාසය කළා. පලවැල සෙවීම පිණිස වෙන කිසි තැනකට ගියෙත් නෑ. ගෙඩි කාලෙට තියඹරා රුකින් වැටෙන ගෙඩි වළඳනවා. මල් කාලෙට මල් වළඳනවා. කොළ කාලෙට කොළ වළඳනවා. කොළ නැති කාලෙට පොතු වළඳනවා. එක් දවසක්වත් රුකින් වැටුණු ඉදුණු ගෙඩියක් වැළඳුවෙත් නෑ. තමන් ආහාරයට ගන්නා සීමාවෙන් එපිට නැගිට ගොස් එහි වැටී තිබෙන තියඹරා ගෙඩි ගත්තෙත් නෑ. වාඩි වී සිටියදී ම අත දිගු කොට ගත හැකි මායිමේ ඇති ගෙඩි පමණයි ආහාරයට ගත්තේ. ඒවාත් වැටුණු හැටියට ගත්තා මිස හොඳ නරක තේරුවේ නෑ.

මේ විදිහට ලද දෙයින් පරම සතුටට පත්වෙමින් වාසය කළ කණ්හ ඍෂිවරයාගේ සිල් තෙදින් සක්දෙවිඳුගේ පාණ්ඩුකම්බල ශෛලාසනය උණුසුම් වුණා. සක්දෙවිඳුගේ ආයුෂ අවසන් වූ විටත්, පින අවසන් වූ විටත්, වෙනත් මහානුභාව සත්වයෙන් ශක්‍ර තනතුර පතනවිටත්, මහා ඉර්ධිමත් ශ්‍රමණ බ්‍රාහ්මණයන්ගේ සිල් තෙදිනුත් ඒ ආසනය උණුසුම් වෙනවා. මෙවර උණුසුම් වූයේ කණ්හ මහා ඍෂිවරයාගේ සිල් තෙදට යි.

එතකොට සක්දෙවිඳු 'මා මෙතැනින් චුත කරවනු කැමති කවරෙක් හෝ සිටීදැයි ආවර්ජනා කොට බලන්නේ මේ පෙදෙසේ වනගත රුක් සෙවණක වාඩිවී සිටි කණ්හ ඍෂිවරයා තියඹරා ගෙඩි අහුලා වළඳින හැටි දැක්කා. දැක මෙහෙම සිතුවා. 'හෝ... සිය ඉඳුරන් ජය ගත් ඝෝර තපස් ඇති මහා ඍෂිවරයෙක් නොවැ. මම් මොහු ලවා දහම් කථාවෙන් සිහනද පවත්වා යහපත් ධර්මය අසා වරයක් දී සතුටු කරවා තියඹරා රුක නිරතුරු හටගත් ගෙඩියෙන් යුක්ත කරවා එන්ට ඕනෑ' කියා සිතුවා.

සක් දෙවිඳු මහත් දේවානුභාවයෙන් යුතුව වහා මනුලොව බැස ඒ රුක්සෙවණේ කණ්හ ඍෂිවරයාට පිටුපසින් නොපෙනෙන ලෙස සිටියා. මොහුට දොස් කියූ විට කිපෙයි ද නැද්දැයි විමසනු පිණිස මේ ගාථාව පැවසුවා.

1. ඒකාන්තයෙන් මේ පුරුෂ තෙමේ කළු පාටයි නොවැ
   බොජුන් ලෙසට මොහු ගන්නෙත් කළු දෙයක් ම නොවැ
   මොහු වසනා මේ පෙදෙසත් කළු පාටයි නොවැ
   මොහු ගැන ප්‍රිය මනාපයක් මට නම් නෑ නොවැ

එතකොට කණ්හ ඍෂිවරයා තමා හා කතා කරන තැනැත්තා කවුද කියා දිවැසින් බැලුවා. බලා සක් දෙවිඳු බව දැන එදෙස නොබලා ම මේ පිළිතුරු ගාථාව කිව්වා.

2. සම කළු පැහැ වූ පමණින් යමෙක් කළු ය කියන්ට බෑ
   යමෙකුගෙ ජීවිතය ඇතුළෙ තියේ ද සරු සිල් ගුණදම්
   කණ්හ නමින් ඇමතුවත් ඔහු කළු වූවෙක් නොවේ
   බොහෝ අකුසල් රැස් වී ඇත්නම් යමෙකු කෙරෙහි
   සුජම්පතී සක් දෙවිඳුනි,
   අන්න ඔහුට නම් කිව යුත්තේ කළුවා කියලයි

ඊට පස්සේ කණ්හ මහ ඍෂිවරයා සක්දෙවිඳුට සත්වයන් තුළ පවත්නා කළු පැහැ පාපී අකුසල ධර්මයන් පිළිබඳ නොයෙක් ක්‍රමයෙන් විග්‍රහ කොට ඒ අකුසල්වලට ගරහමින් දහම් දෙසුවා. අනතුරුව සීලාදී ගුණධර්මයන් අහසේ පුන් සඳ නංවන සෙයින් පෙන්වා දුන්නා. කණ්හ මහඍෂිගේ ධර්මය ඇසූ සක්දෙවිඳු ඉතා සතුටට පත්වුණා. බෝසතුන් හට වරයක් ප්‍රදානය කරමින් තුන්වෙනි ගාථාව පැවසුවා.

3. ඉතා මනහර සොඳුරු අරුතින් පිරී ගිය -
බස් ය තොප කීවේ
පින්වත් බමුණ තොප හට මම් උතුම් වරයක් දෙමි
කැමති නම් යම් දෙයකට එය මෙමාහට කිව මැන

එතකොට ඍෂිතුමා මෙහෙම සිතුවා. 'මේ ඇත්තා මා කෝප වන්නෙක් දැයි නොවන්නෙක් දැයි විමසා බලන්ට ඕනෑ ය කියා සිතා මාගේ සමේ පැහැයටත් භෝජනයටත් වාසස්ථානයටත් ගරහා දැන් මා නොකිපෙන බව දැන සිත පහදාගෙන වරයක් දෙන්ටයි ලෑස්ති. මම් මේ බඹසර හැසිරෙන්නේ ශක්‍ර පදවිය පතා හෝ මහාබ්‍රහ්ම පදවිය පතා හෝ කියා මොහු සිතනවා ඇති. ඒ ගැන මොහු තුළ ඇති සැකය දුරුකරන්ට ඕනෑ' කියා සිතා සිව් වරයක් ඉල්ලමින් මේ සිව්වෙනි ගාථාව පැවසුවා.

4. සියලු සතුන් හට අධිපති ශක්‍ර දේව රාජනේ
මට වරයක් දෙන්නට තෙපි -
බොහෝ කැමති බව පෙනේ
මා තුළ කිසිදා ක්‍රෝධය ඇති නොවීම පිණිසත්
මා තුළ කිසිදා ද්වේශය නූපදීම පිණිසත්
මා තුළ කිසිදා ලෝභය ඇති නොවීම පිණිසත්

මා තුළ කිසිදා ස්නේහය නූපදීම පිණිසත්
යම් පිළිවෙළක් තියේ නම් -
මේ සිව් වරය මාහට දෙනු මැනේ

මහබෝසත් ඍෂිවරයා සක්දෙවිඳුගෙන් මේ වර සතර ඉල්ලා සිටියේ වරයක් මගින් මේ ක්‍රෝධාදී අකුසල් දුරු නොකළ හැකි බව නොදැන නොවේ. වරයක් දෙමි යි කියා ඔහු කී විට මට වරයක් එපා කීම නුසුදුසු නිසයි. එසේ ම සක්දෙවිඳු තුළ කණ්හ ඍෂිවරයා කිසිවක් නොපතන බවට නිසැක කරවීම පිණිස යි. එතකොට සක්දෙවිඳු මෙසේ සිතුවා. 'ඕ... කණ්හ පණ්ඩිතයෝ වරයක් ඉල්ලද්දී ඉතා ධාර්මික නිවැරදි වරයන් නොවැ ඉල්ලන්නේ. මේ වරයන්ගේ ගුණ දොස් මොහුගෙන් ම දැනගන්ට ඕනෑ' ය කියා මේ ගාථාව පැවසුවා.

5. පින්වත් බමුණානෙනි,
මා අසනා මේ පැනයට පිළිතුරු දෙනු මැනේ
කෙනෙකුගේ සිත තුළ ක්‍රෝධය පවතියි නම් -
ද්වේෂයත් පවතියි නම්
ලෝභයත් පවතියි නම් ස්නේහයත් පවතියි නම්
එහි තිබෙන්නේ කවර දොසක් දෝ තොප දුටුවේ?

"එසේ නම් සක් දෙවිඳුනි, මනාව අසන්ට. කියා දෙන්නම්" කියා මේ ගාථාවන්ගෙන් පිළිතුරු දුන්නා.

6. ඉවසීම කෙනෙක් පුරුදු කරන්නේ නැත්නම්
ඉවසීමක් නැති නිසා ම ක්‍රෝධය උපදිනවා
සුළුවෙන් හටගෙන ක්‍රෝධය -
කෙමෙන් බහුල වී යනවා
එයින් ඔහුට ලබාදෙන්නෙ බලවත් පීඩාවක් ම යි

ක්‍රෝධයේ ඇති මේ දොස නිසා -
මා එයට කැමති නෑ ම යි

7. ද්වේෂයක් උපන්විට සිතේ - මුවින් පිටවෙයි රළුබස්
එතැනින් නොනවතියි - අතින් පයිනුත් පහර දෙයි
එයිනුත් නොසෑහී - දණ්ඩෙන් ආයුධයෙනුත් ගසයි
ක්‍රෝධයෙන් ම යි ද්වේෂයත් උපදින්නේ
මේ දොස් දකිනා නිසා ම යි ද්වේෂයට මා අකැමති

8. ලෝභය හටගත් විට සිතේ - මහා දවාලේ පවා
ගම් කොල්ලකනවා මග යන අයගෙනුත් කොල්ලකනවා
දීපිය මෙය කියා අනුන්ගේ දේ පැහැර ගන්නවා
සැබෑ බඩු ලෙස ව්‍යාජ බඩු පෙන්වා
අන් සතු ධනයත් පැහැර ගන්නවා
නොයෙක් කූට ප්‍රයෝග යොදමින් ජනයා මුළා කරනවා
සිය හැකියාව නොමගට යොදවා -
සොරකම ජයට කරනවා
ලෝභයේ ඇති මේ පාපය මට නම් යසට පේනවා
එනිසා ම ය මා ලෝභයට අකැමති

9. සිතේ හටගන්නා සිතට ම ගැටගැසී තිබෙනා
නොයෙක් බැඳුමෙන් බැඳී සිටිනා ලෝසතුන්
එනිසා ම තැවි තැවී සිටිනවා
ස්නේහයෙන් එය ඇතිවන නිසා මා එයට කැමති නෑ

කණ්හ ඍෂිවරයාගේ පැන විසඳුම ඇසූ සක්දෙවිඳු ඉතා සතුටට පත්වුණා. "පින්වත් තාපසීන් වහන්ස, ඉතා මනහරයි නොවැ. සම්බුදු උතුමෙකුගේ ලීලායෙන් ඉතා මැනවින් කියා දුන්නා නොවැ. මං තව වරයක් දෙන්ට කැමතියි" කියා මේ ගාථාව පැවසුවා.

10. ඉතා මනහර සොඳුරු අරුතින් -
පිරී ගිය බස් ය තොප කීවේ
පින්වත් බමුණ තොප හට මම් උතුම් වරයක් දෙමි
කැමති නම් යම් දෙයකට එය මෙමාහට කිව මැන

එතකොට බෝධිසත්වයෝ වරය ඉල්ලමින් මේ ගාථාව පැවසුවා.

11. හැම සත්නට අධිපති සක් දෙවිඳුනේ
ඉදින් තෙපි මා හට වරයක් දෙන්ට කැමති වහු නම්
මහවන මැද තනිව වෙසෙනා -
මා මෙසේ කල් ගෙවනවිට
බවුන් වැඩීමට බාධා ඇතිවන බොහෝ රෝගයෝ
මේ කයෙහි නූපදිත්වා!"

එය ඇසූ සක්දෙවිඳු මෙය සිතුවා. 'ඕ... කණ්හ පණ්ඩිතයෝ තමන්ගේ ධ්‍යාන භාවනාවන්ට බාධා නොවනු පිණිසයි මේ වරය ඉල්ලුවේ. එය ද ආමිෂයට අයත් ලෞකික දෙයක් නොවේ' කියා සිතා ඉතා සතුටු වුණා. නැවතත් තාපසීන් වහන්සේට වරයක් දෙන්ට ඕනෑ කියා මේ ගාථාව පැවසුවා.

12. ඉතා මනහර සොඳුරු අරුතින් -
පිරී ගිය බස් ය තොප කීවේ
පින්වත් බමුණ තොප හට මම් උතුම් වරයක් දෙමි
කැමති නම් යම් දෙයකට එය මෙමාහට කිව මැන

බෝධිසත්වයෝ වරය ගන්නා ක්‍රමයෙන් ධර්ම දේශනා කරමින් මේ ගාථාවෙන් පිළිතුරු දුන්නා.

13. හැම සත්නට අධිපති සක්දෙවිඳුනේ
මගේ සිත කය වදන තිදොරින්

මා විසින් කළ යම් ම දොසකින්
කිසිවෙකුට හෝ කිසිම කලෙකින්
කිසිදු විපතක් සිදු නොවේවා
සක් දෙවිඳුනි, මේ වරය මට දුන මැන"

මෙසේ බෝධිසත්වයෝ වර හයක් ම ගත්තා. ඒ සෑම වරයක් ම නෛෂ්ක්‍රම්‍යය ඇසුරු කළ දෙයක් ම යි. ඇත්තෙන් ම ලෙඩ වීම උරුම කරගත් සිරුරකට නිරෝගී බව වරයකින් ලබාගත නොහැකි බව බෝසතුන් දන්නවා. සත්වයන්ගේ සිත කය වචනය පිරිසිදු කරගැනීම තමා ම කරගත යුතු දෙයක් මිස බාහිර කෙනෙකුට නොකළ හැකි බවත් දන්නවා. දහම් දෙසනු පිණිස ම යි මේ වර ගත්තේ.

එතකොට සක් දෙවිඳු ඒ තියඹරා රුක නිතර එල ඇති රුකක් බවට පමුණුවා බෝසතුන් වැන්දා. හිස මුදුනින් ඇඳිලි බැඳ වන්දනා කොට නිදුක් ව නීරෝගී ව මෙහි වැඩවසනු මැන කියා යළි දෙව්ලොවට ගියා. කණ්හ මහසෘෂිවරයා නොපිරිහුණු ධ්‍යානයෙන් යුතුව මරණින් මතු බඹලොව උපන්නා.

"ආනන්දය, පෙර මා කණ්හ සෘෂිවරයා හැටියට විසූ භූමිය තිබූණේ මෙතැන" කියා ධර්ම දේශනා කොට වදාළා. "මහණෙනි, එදා සක් දෙවිඳු ව සිටියේ අපගේ අනුරුද්ධයෝ. කණ්හ මහසෘෂි ව සිටියේ මම ය" කියා මේ කණ්හ ජාතකය නිමවා වදාළා.

03. චතුපෝසථික ජාතකය

චතුපෝසථික ජාතකය පුණ්ණක ජාතකයෙහි පැමිණෙන්නේය.

04. සංඛ ජාතකය

සංඛ බ්‍රාහ්මණයාගේ කතාව

පින්වතුනේ, පින්වත් දරුවනේ,

ඒ දිනවල අපගේ භාග්‍යවතුන් වහන්සේ වැඩවාසය කොට වදාළේ සැවැත් නුවර ජේතවනයේ. සැවැත් නුවර ඉතාමත් සැදැහැවත් ධනවත් උපාසකයෙක් සිටියා. මොහු දිනක් භාග්‍යවතුන් වහන්සේ විසින් වදාළ බණක් අසා බොහෝ පැහැදුනා. භාග්‍යවතුන් වහන්සේ ප්‍රධාන සඟරුවනට පසුවදා දානය පිණිස ඇරයුම් කළා.

ඊට පස්සේ ඒ උපාසක තම නිවසට ගොහින් නිවස ඉදිරිපිට මහා මණ්ඩපයක් තැනෙව්වා. අලංකාරව සැරසුවා. භාග්‍යවතුන් වහන්සේ ප්‍රමුඛ පන්සියයක් භික්ෂු සංඝයා වඩමවා ගත්තා. ප්‍රණීත දන්පැනින් පූජා පැවැත්තුවා. සත් දිනක් ම මේ අයුරින් මහා දන් පූජා කොට සත්වෙනි දවසේ සියලු පිරිකර සහිතව මහා දානයක් පූජා කරගත්තා. ඒ දානය පූජා කරද්දි පාවහන් පිදීම විශේෂ වශයෙන් උත්කර්ෂයෙන් කරගත්තා. භාග්‍යවතුන් වහන්සේ උදෙසා කහවණු දහසක් වටිනා පාවහන් යුගළක් පූජා කළා. අග්‍රශ්‍රාවක දෙනම වහන්සේ උදෙසා කහවණු පන්සියයක් වටිනා පාවහන් පූජා කළා. අනිකුත් පන්සියයක් භික්ෂූන් වහන්සේලාට සියයක් කහවණු වටිනා පාවහන් කට්ටලය

බැගින් පූජා කළා. මෙසේ සියලු පිරිකර පූජා කොට තම පිරිසත් සමග භාග්‍යවතුන් වහන්සේ සමීපයේ වාඩිවුණා.

භාග්‍යවතුන් වහන්සේ භුක්තානුමෝදනා ධර්මය දේශනා කරමින් මෙය වදාළා. "උපාසක, තොපට මේ සිදුකළ සර්වපරිෂ්කාර දානය පිළිබඳව සිතේ සතුට ඇතිකරගන්ට. අතීතයේ සම්බුදුවරයන් වහන්සේලා පහළ නොවූ කාලයක පසේබුදුවරයන් වහන්සේ නමකට එක් පාවහන් යුගළක් දන් දීපු කෙනෙක් නැව බිඳී පිහිටක් නැතිව මුහුදේ සිටියදී ඔහුට පිහිට ලැබුණේ පාවහන් පූජා කළ පුණ්‍ය විපාකය යි. තොප බුද්ධ ප්‍රමුඛ මහා සංඝයාට සර්වපරිෂ්කාර දානයක් පූජා කරගත්තා. මේ පාවහන් පූජාව සසරට පිහිට නොවී තියේද!"

එතකොට ඒ උපාසක පාවහන් පූජාවේ අනුසස් කියවෙන ඒ සිදුවීම කියා දෙන ලෙස භාග්‍යවතුන් වහන්සේගෙන් ඉල්ලා සිටියා. භාග්‍යවතුන් වහන්සේ මේ ජාතකය වදාළා.

බොහෝ ඈත අතීතයේ බරණැස් නුවර හැඳින්වූයේ මෝලිනී නුවර නමින්. ඒ මෝලිනී නුවර බ්‍රහ්මදත්ත නමින් රජෙක් රාජ්‍ය කරමින් සිටියා. ඒ කාලයේ මෝලිනී නුවර ම සංඛ නමින් ධනවත් බ්‍රාහ්මණයෙකුත් වාසය කළා. මොහු හැම තිස්සේ ම දන් දුන්නා. සිත යොදවා තිබුණේ දන් දීමට ම යි. තම නිවස ඉදිරියෙත්, නුවර මැදත්, නුවර සිව් දොරටුවේත් යන තැන්වල පිළිවෙළින් දන්සැල් හයක් කෙරෙව්වා. එක් දන්සැලකට කහවණු ලක්ෂය බැගින් නිතිපතා සය ලක්ෂයක් වියදම් කොට දුගී මගී යාචකාදීන්ට දන් දුන්නා.

දවසක් ඔහු මෙහෙම සිතුවා. 'මං දන් දෙන පිළිවෙළට ගෙදර වස්තුව ඉක්මනින් අවසන් වෙන්ට පුළුවනි. එතකොට මට දිගටම දන් දෙන්ට බැරි වෙනවා. වස්තුව නිමා වෙන්ට කලින් සුවණ්ණභූමියට නැවෙන් ගොහින් ධනය උපයාගෙන එන්ට ඕනෑ' ය සිතා සිය අඹුදරුවන් ඇමතුවා.

"වෙළඳාම් කරන්ට මුහුදෙන් එතෙර මං ස්වර්ණභූමියට යනවා. මං එනතුරු ඔයාලා දන්වැට නොසිඳ පවත්වන්ට ඕනෑ හොඳේ." කියා නැවක බඩු පුරවා දාසකම්කරු පිරිවර ඇතිව දහවල් මධ්‍යාහ්නයෙහි පාවහන් පැළඳ, කුඩයක් ඉහළාගෙන පටුන්ගම බලා පිටත් වුනා.

ඒ අවස්ථාවේ හිමාලයෙහි ගන්ධමාදන පර්වතයෙහි වැඩසිටි එක්තරා පසේබුදුවරයන් වහන්සේ නමක් ධන ඉපයීම පිණිස මුහුදෙන් එතෙර යන්ට සූදානම් වන සංඛ බ්‍රාහ්මණයාව දිවැසින් දුටුවා. 'මේ මහා පුරුෂයා හට මුහුදු ගමනින් අනතුරක් වෙන්ට පුළුවන්ද බැරිද කියා විමසා බැලුවා. බලවත් අන්තරායක් වෙන්ට තිබෙන බව දැක්කා. 'මං මොහු ඉදිරියට යන්ට ඕනෑ. එතකොට මොහු සිය කුඩයක් පාවහන් යුගළත් මට පූජා කරාවි. ඒ පිනෙන් මුහුදේ නැව බිඳී ගිය විට පිහිටක් ලබනවා ම යි. එනිසා මොහුට අනුග්‍රහ කළයුතුයි' සිතා අහසින් වැඩම කොට සංඛ බ්‍රාහ්මණයාට නුදුරින් දැඩි අව් රශ්මියෙන් ගිනි අඟුරු සෙයින් රත් වී ඇති වැලි ඇති මාවතේ සංඛ බ්‍රාහ්මණයාගේ පෙරට වැඩියා.

තමා ඉදිරියට අව්වෙන් කැකෑරෙන වැල්ලේ පාවහන් හෝ කුඩයක් හෝ නැතිව වඩිනා ශ්‍රමණයන් වහන්සේ දැක 'අනේ... මා ඉදිරියට පින්කෙතක් වඩිනවා. අද මා

පින් කෙතේ දානය නමැති පුණ්‍ය බීජය වපුරා ගන්ට ඕනෑ' ය සිතා මහා සතුටින් උන්වහන්සේ වෙත ඉක්මනින් ගොස් වන්දනා කළා.

"අනේ ස්වාමීනී, මට අනුග්‍රහ පිණිස මේ මගින් ටිකාක් බැහැරට වැඩම කොට මේ රුක් සෙවනට වඩින්න ස්වාමීනී" කියා සංඛ බ්‍රාහ්මණයා වහා රුක් සෙවණට ගොස් අතින් වැලි ගොඩ ගසා ආසනයක් සකසා ඒ මත පසේබුදුන්ගේ සඟල සිවුර අතුරා වැඩ හිඳින්ට සැලැස්සුවා. ඊට පස්සේ පැන් ගෙනැවිත් පා සෝදා තෙල් ගල්වා පිරිමැද්දා. තමන් පැළඳ සිටි පාවහන් යුගල ගලවා ධූලි පිසදමා සෝදා පිරිසිදු කොට පසේබුදුන්ගේ පාවල පැළඳුවා. උන්වහන්සේට ඉහළින් කුඩයත් ඔසොවාගෙන සිටියා.

"දැන් ස්වාමීනී පහසුවෙන් වඩින්ට" කියා පාවහන් යුගළත් කුඩයත් පූජා කොට සතුටින් බලා සිටියා. පසේබුදුන් ඔහුගේ ශ්‍රද්ධාව දියුණු කිරීම පිණිස ඔහු බලා සිටියදී ම පාවහන් පැළඳ කුඩය ඉහළාගෙන අහසට පැන නැංගා. ගන්ධමාදන පර්වතයට වැඩම කළා.

සංඛ බ්‍රාහ්මණයාට හරි සතුටුයි. ඔහු ඒ ගැන ම සිත සිතා පහන් සිතින් පටුන්ගමට ගොස් නැව් නැගී පිටත් වුණා. නැව කරදරයක් නැතිව සය දවසක් ගමන ගියා. සත්වෙන් දවසේ නැවේ සිදුරකින් නැවට දිය එන්ට පටන් ගත්තා. දිය බැහැර ඉසීමෙන් අවසන් කරන්ට බැරිවුණා. මහජනයා මරණ භයින් තැතිගත්තා. තම තමන්ගේ දේවතාවුන් වැඳ වැඳ බේරාදෙන්ට කියා කෑ ගැසුවා.

බෝධිසත්වයෝ එක් උපාසකයෙක් ළඟට කැඳවා ගත්තා. තම සිරුර පුරා ම තෙල් තවරා ගත්තා. ගිතෙල් සමග

උක් හකුරු කුඩු කුස පුරා අනුභව කළා. උපස්ථායකයා සමග නැවේ කුඹගස මුදුනට නැග්ගා. අපගේ නගරය ඇත්තේ මේ දිශාවේ ය කියා අනුමානයෙන් සලකා නැව වටා රොක් වෙන මිනී මෝරුන්ගෙන් බේරීම පිණිස එක්සිය සතළිස් රියනක් පමණ ඈතට මුහුදු දියට පැන පීනන්ට පටන් ගත්තා. නැවේ සිටි අනිත් සියලු දෙනා මුහුදුබත් වුණා. සංඛ බ්‍රාහ්මණයාත් උපස්ථායකත් දැන් පිහිනන්ට පටන් ගෙන සත් දිනක් ගත වුණා. සංඛ බ්‍රාහ්මණයා ලුණු වතුරෙන් ම මුව සෝදා මුහුදේ සිටියදී ම අට්ඨාංග උපෝසථ සිල් සමාදන් වුණා. සීලයෙන් ම යි ඒ කාලය ගත කළේ.

සතරවරම් දෙවි මහරජවරු මුහුදේ රැකවල් පිණිස පත්කොට ඇත්තේ මණිමේඛලා නම් දෙවඟන යි. නැව් බිඳීයාමෙන් දුකට පත්වන තෙරුවන් සරණ ගිය සිල්වතුන්වත්, ගුණවත් දෙමව්පියන්වත්, අසරණ මිනිසුන්වත් රැකගැනීම පිණිස මණිමේඛලා දෙවඟන සැදී පැහැදී සිටියා. ඉසුරු සම්පත් නිසා ඇයට සත් දිනක් ම මුහුද දෙස බලන්ට බැරිවුණා. සත්වෙනි දින මුහුද බලද්දී ඉතා සිල්වත් සංඛ බ්‍රාහ්මණයා මුහුදේ වැටී සිටි අයුරු දැක්කා.

'ඕහ්... උතුම් පුරුෂයෙක් කරදරේක වැටිලා. ඉදින් මොහු වැනි උතුම් කෙනෙක් මුහුදේ මළොත් මං මහා ගැරහීමකට ලක්වෙනවා' කියා සංවේගයට පත්වුණා. රන් තලියක නා නා අග්‍ර රසැති දිව්‍ය භෝජන පුරවා ගත්තා. පවනට බඳු වේගයෙන් ඇවිත් සංඛ බ්‍රාහ්මණයා ඉදිරියේ සිටගත්තා.

"බ්‍රාහ්මණය, නිරාහාරව දැන් සත් දිනක් ගෙවී ගියා. මේ දිව්‍ය භෝජන අනුභව කරන්ට."

එතකොට බෝධිසත්වයෝ හිස ඔසොවා ඈ දෙස බැලුවා. "ඉවතට ගෙන යව තොපගේ බත. මං උපෝසථ සිල් සමාදන් ව ඉන්නේ." කියා කෑ ගසා කීවා. උපාසක පසුපසින් පිහිනනවා. ඒ උපාසක දෙවඟනව දැක්කේ නෑ. ඔහුට සංඛ බ්‍රාහ්මණයාගේ කීම පමණක් ඇසී මෙසේ සිතුවා.

'අයියෝ... මේ බ්‍රාහ්මණයා හොඳ සියුමැලිව හැදුණු කෙනෙක් නොවැ. ප්‍රකෘතියෙන් ම සුකුමාල යි. සත් දිනක් ම ආහාරයක් නැති නිසා දුකට පත්ව මරණ භයින් විලාප දෙනවා වගෙයි. මං ඔහුව අස්වසන්ට ඕනෑ' කියා මේ පළමු ගාථාව පැවසුවා.

1. අනේ සංඛ බ්‍රාහ්මණය,
තොප බොහෝ දැන උගතෙක් නොවැ -
බණ දහමත් ඇසුවෙක් නොවැ
දන් පැන් පුදනා වේලේ -
සිල්වත් මහණ බමුණන් දුටුවෙක් නොවැ
එනමුදු ඒ කිසිවක් නැති -
මහසයුරේ මූදු දියට මැදි වී
මං උපෝසථ සිල් ගෙන ඉන්නේ කියා -
මන්ද කෑ ගසන්නේ?
තොපට කතා කෙරුමට මෙහි -
මා මිස වෙන කවුරුත් නැත්තේ

එතකොට සංඛ බ්‍රාහ්මණයා උපස්ථායකයාට මෙසේ පිළිතුරු දුන්නා. "නෑ මිත්‍රයා, මං මරණ භයෙන් නන් දෙඩුවේ නෑ. මේ අභගන්ට" කියා මේ ගාථාව පැවසුවා.

2. **උතුම් රූසිරින් යුතු ඕ හැබෑ ලස්සනයි**
රනබරණින් බබළමින් සිටිනවා

ඒ ළඳ මුහුදු දිය මතින් ආවා
අහසේ සිට රන් බඳුනක රස බොජුන් ද පුරවා
මට බත් කන්ට කන්ට කියා කියනවා
පැහැදුණු සිතින් සිටින ඇයටයි මා කීවේ
මා අටසිල් ගත්ත අයෙක් කියා
මෙහි වැලපීමක් නෑ මිතුරේ

එතකොට උපස්ථායක මේ ගාථාව පැවසුවා.

3. අනේ බමුණ මේ මුහුදේ මෙබඳු දේවතාවිය දුටු වේලේ
තමන්ට සැපයක් තිබේද නොතිබේදැයි කියා
නුවණැතියෙක් ඇගෙන් මෙසේ විමසිය යුත්තේ
දියෙන් උඩට මොහොතක් නැගෙමින් -
ඇඳිලි බැඳන් ඇසුව මැනේ
තී මහබලැති දෙවඟනක් ද -
ඉර්ධි බලැති නරදුවක් ද කියා

එය ඇසූ සංඛ බ්‍රාහ්මණයා මණිමේඛලාවන්ට මේ ගාථාව පැවසුවා.

4. එම්බා ළඳුනේ තී ඉතා සැපෙන් මදෙස බලා සිටින්නී
මට බත් කන්ට කන්ට කියා යළි යළි මා අමතන්නී
මහනුභාව ඇති පින්වත් ළඳේ අසමි මා තිගෙන්
මහබල ඇති දෙවඟනක් ද නරදුවක් ද තී?

එතකොට මණිමේඛලාවෝ මේ ගාථා දෙකින් පිළිතුරු දුන්නා.

5. පින්වත් සංඛ බමුණ මම් -
මහනුභාව ඇති දෙවඟනක් වෙමී
මහසයුරේ මුහුදු දියෙන් -
අසරණ තොප දැක මෙහි ආමී

තොප ගැන තරහ සිතක් නැත්තී -
මං අනුකම්පා ඇත්තී
යහපත සලසන්ටයි මෙහි ආවේ

6. පින්වත් සංඛ බමුණ,
මෙහි ප්‍රණීත කෑම බීම සයනාසන තියෙනවා
හස්තියාන අශ්වයාන යනාදියත් තියෙනවා
ඒ හැම දෙයක් ම තොපහට පවරා දෙන්ට ම සිතෙනවා
තොප සිතෙන් කැමති ඕන දෙයක් මා හට කිව මැන

එතකොට සංඛ බ්‍රාහ්මණයා මෙහෙම හිතුවා. 'මේ මුහුදු දිය මත සිටින දෙවඟන මට මේ මේ දේවල් දෙන්නම් කියා කියනවා. එතකොට මෑ මේවා දෙන්ට යන්නේ මා විසින් කරන ලද දේක අනුභාවයෙන් ද, නැත්නම් මැගේ දිව්‍ය බලයෙන් ද කියා අසන්ට ඕනෑ' යි සිතා මේ සත්වෙනි ගාථාව පැවසුවා.

7. සොඳුරු අඟපසඟ ඇති සොඳුරු පායුගළ ඇති
සොඳුරු ඇහිබැම ඇත්තී -
ඇයි ද තී මට මෙසේ සලකන්නී?
මා විසින් කළ කිනම් දනක විපාකයක් දෝ
කවර උතුමෙක් උදෙසා කළ උවටැනක පිනක් දෝ
පිහිටක් නැති මේ සයුරේ - මෙසේ පිහිට ලැබුණේ ?

එය ඇසූ මණිමේඛලා සංඛ බ්‍රාහ්මණයාගේ පින සිහිපත් කරවමින් මේ ගාථාව පැවසුවා.

8. පින්වත් සංඛ බ්‍රාහ්මණය,
ග්‍රීස්මයට ගිනි රත් වූ උණුවැලි ඇති මාවතේ
නිකෙලෙස් එක් භික්ෂු නමක් වැඩියා පා ගමනේ
පිපාසිතව වෙහෙසට පත් ඒ පසේබුදුන් දැක

තොපගේ පාවහන් යුගළ ගරුසරු ඇතිව පිදුවනේ
එයයි කැමති දේ ලැබදෙන තොප දුන් මහදානය!

එය ඇසූ බෝසතුන්ට නිම්හිම් නැති මහා සතුටක් උපන්නා. 'අහෝ... මා විසින් දුන් පාවහන් දානය මට කැමති දේ ලබාදෙන මහා පිනක් ඉපදුවා නොවැ. අහෝ... පසේබුදුන් වෙත මා දුන් දානය නම් මහා උතුම් දානයක් ම යි" කියා මේ ගාථාව පැවසුවා.

9. **එසේ නම් පින් ඇති දෙව් ළඳේ**
මනා ලෙස හොඳින් පිරිද්දූ - මුහුදු දිය ඇතුළට නොඑනා
රුවන් සුළඟින් එගොඩ ගෙන යන -
නැවක් මට දෙනු මැනේ
වෙනත් යානයකට මේ මූදු දියේ -
කිසිම ඉඩකඩක් නැත්තේ
මෝලිනී නුවරට අද මා - සුවසේ ම ඇරලවනු මැනේ

එතකොට දේවතාවා දහස් රියන් දිග, හාරසිය රියන් පළල, දෙදහස් පන්සිය රියනක් ගැඹුරැති නැවක් මැව්වා. ඒ නැව සත්රුවනින් පිරෙව්වා. ඒ නැවේ කුඹගස් තුන ම ඉඳුනිල් මැණිකෙන් යුක්තයි. රනින් කළ රැහැන්පටින් යුක්තයි. රිදියෙන් කළ රුවලින් යුක්තයි. රනින් කළ වැසුමෙන් යුක්තයි.

ඊට පස්සේ දේවතාවා සංඛ බ්‍රාහ්මණයා දියෙන් උඩට නංවා අලංකාර නැවෙහි නංවා ගත්තා. උපස්ථායකයා දෙස බැලුවේ නෑ. එතකොට බෝධිසත්වයෝ තමන් කළ පින උපස්ථායකයාට අනුමෝදන් කළා. ඒ පින අනුමෝදන් වූ සැණින් දෙව්දුව ඔහුව දැක්කා. දැක දියෙන් උඩට නංවා නැවෙහි තැබුවා. බෝධිසත්වයෝත්

උපාසකත් සුවසේ මෝලිය නුවට පමුණුවා නැව පුරා ගෙනා ධනයත් එහි තබා දේවතාවී තමාගේ භවනට ගියා.

ශ්‍රී සම්බුද්ධත්වයට පත් අප භාග්‍යවතුන් වහන්සේ මේ ගාථාව වදාළා.

10. සතුටු සිත් ඇති මණිමේඛලා
මුහුදු දිය මත ඉතා සුන්දර නැවක් මැව්වා
සංඛ බමුණ ද අතවැසියා ද නැවේ නංවා
රම්‍ය මෝලිය නුවරට සුවසේ ම පැමිණෙව්වා

මෙය වදාළ භාග්‍යවතුන් වහන්සේ චතුරාර්ය සත්‍ය ධර්මය දේශනා කොට වදාළා. ඒ දේශනාව අවසානයේ සර්වපරිෂ්කාර දානය පිදූ උපාසක සෝවාන් ඵලයට පත්වුණා. එදා මණිමේඛලා වී සිටියේ උප්පලවණ්ණාවෝ. උපාසක ව සිටියේ අපගේ ආනන්දයෝ. සංඛ බ්‍රාහ්මණ ව සිටියේ මම" ය කියා භාග්‍යවතුන් වහන්සේ මේ ජාතකය නිමවා වදාළා.

05. චුල්ලබෝධි ජාතකය

ක්‍රෝධයේ වසඟයට නොගිය බෝසතුන්ගේ කතාව

පින්වතුනේ, පින්වත් දරුවනේ,

තරහක්, ක්‍රෝධයක් සිතෙහි හටගත් විට පළමුවෙන් ම හානි වෙන්නේ ඒ අකුසලය උපදවාගත් කෙනාට ම යි. ඊට පස්සේ ඒ අකුසලය තුළින් අන් අයටත් හානි පැමිණෙනවා. ක්‍රෝධයට යට නොවූ සිතක් ඇතිකර ගැනීම ගැන ඉතාමත් ලස්සන කථාවක් මේ ජාතකයෙන් දැනගන්ට ලැබෙන්නේ.

ඒ දිනවල අපගේ භාග්‍යවතුන් වහන්සේ වැඩවාසය කොට වදාළේ සැවැත් නුවර ජේතවනයේ. ඒ කාලයේ එක්තරා තරුණයෙක් ඉතාමත් ශ්‍රද්ධාවෙන් යුක්ත ව ඇවිත් බුදුසසුනෙහි පැවිදි වුණා. ටි දවසක් ගතවෙද්දී මේ නවක භික්ෂුව තුළ කෝපය වැඩෙන්ට පටන් ගත්තා. නිතර කිපෙනසුලු අයෙක් බවට පත්වුණා. සුළු දේටත් කෝප වුණා. භාග්‍යවතුන් වහන්සේට මේ ක්‍රෝධ සිත් ඇති භික්ෂුව ගැන දැනගන්ට ලැබී ඔහු කැඳවා එය ඇත්තක් ද කියා අසා වදාළා.

"එහෙමයි භාග්‍යවතුන් වහන්ස, මට සුළු දේටත් කේන්ති යනවා."

"භික්ෂුව, ක්‍රෝධය කියන්නේ භයානක දෙයක්. එය සිතක උපදින්ට දෙන්ට ම හොඳ නෑ. වළක්වා ගන්ට ඕනෑ. ඔය විදිහට කෝපය හටගන්ට තමන්ගේ සිතට ඉඩ දුන්නොත් මෙලොව පරලොව දෙකේ ම යහපත නැසී යාවි. බුදුසසුන කියන්නේ ක්‍රෝධ රහිත සසුනක්. ඉතින් මෙවන් බුදුසසුනක පැවිදි වූ තොප ඇයි ක්‍රෝධ කරන්නේ? භික්ෂුව, පෙර සිටිය නුවණැත්තෝ බාහිර සසුනක් වන තීර්ථක පැවිද්දෙක් පැවිදිවත් ක්‍රෝධ සිතක් උපදවා ගත්තේ නෑ" කියා මේ ජාතකය වදාළා.

"මහණෙනි, බොහෝ ඈත අතීතයේ බරණැස් පුරේ බ්‍රහ්මදත්ත නම් රජෙක් රාජ්‍ය විචාරමින් සිටියා. ඔය කාලයේ කාශී නියම්ගමේ දරුවන් නැති මහා ධනවත් බ්‍රාහ්මණයෙක් සිටියා. ඔහුගේ බිරිඳ නිතර සිල් රකිමින් පුත්‍රුවනක් පත පතා සිටියා. එතකොට බ්‍රහ්ම ලෝකයෙන් චුත වූ අප මහබෝධිසත්වයෝ ඒ බැමිණියගේ කුසෙහි පිළිසිඳ ගත්තා. නිසි කල්හි පින්වත් කුමාරයෙක් බිහිවුණා.

ඔවුන් මේ බ්‍රාහ්මණ කුමාරයාට බෝධිකුමාර කියා නම තැබුවා. නිසි වයසෙදි තක්ෂිලා ගොහින් ශිල්ප ශාස්ත්‍ර හදාරා ආ කුමරුට සරණ බන්ධනයක් කරන්ට ඕනෑ කියා දෙමාපියන් ඇවිටිලි කරන්ට පටන් ගත්තා. බෝධිකුමාරයා බෑ ම කීවා. ඒත් කුමාරයාගේ දෙමව්පියෝ සිය පුත්‍රයාට පින්වත් බ්‍රාහ්මණ කුමාරිකාවක් තේරුවා. ඇයත් බ්‍රහ්මලෝකයෙන් චුත ව මිනිස් ලොව උපන් දියණියක්. ඈ දිව්‍ය අප්සරාවක් වගෙයි. හැම අතින් ම බබළන රූපයක් තිබුණා. රූප සෞන්දර්යයෙන් අග්‍ර යි. ඈත් සරණ බන්ධනයකට කිසිසේත් ම කැමති නෑ. නමුත් දෙපාර්ශ්වයේ ම දෙමාපියන්ගේ බලකිරීම මත මේ සරණබන්ධනය සිදුවුණා.

මේ දෙන්නා විවාහ වූ දා පටන් ගත කළේ අමුතු ම ජීවිතයක්. දෙන්නට දෙන්නා බ්‍රහ්මචාරී ව වාසය කරන්ට කතා කරගත්තා. එදා පටන් එකිනෙකා කෙරෙහි රාග සිතින් බැලුවේ නෑ. සිහිනෙන්වත් සරාගී සිතක් උපදවා ගත්තේ නෑ. ඉතා සමගියෙන් බ්‍රහ්මචාරී සිල් ආරක්ෂා කරගෙන වාසය කළා.

කාලයාගේ ඇවෑමෙන් බෝධිකුමාරයාගේ මව්පියන් අභාවයට පත්වුණා. එතකොට සිය බිරිඳට මෙහෙම කීවා. "සොඳුරී, මගේ සිත කොහොමත් ගිහි ජීවිතේට ඇලෙන්නේ නෑ. මේ අසූ කෝටියක ධනයෙන් ඔයා සතුටින් වාසය කරන්ට. මං දැන් හිමවතට යන්ට ඕනෑ."

"අනේ ආර්යපුත්‍රය, මේ නිසරු ධනයෙන් මටත් කිසි වැඩක් නෑ. හිමවතට ගොහින් පැවිදි වෙන්ට ඇත්නම් මගේ ජීවිතේටත් යහපතක් උදාවේවි. ඇත්තෙන්ම ආර්යපුත්‍රය, පැවිද්ද කියන්නේ පුරුෂයින්ට පමණක් වටිනා දෙයක් ද?"

"නෑ සොඳුරී, ස්ත්‍රීන්ට වුණත් පැවිද්ද නම් වටිනවා ම යි."

"අනේ ආර්යපුත්‍රය, එසේ නම් නුඹවහන්සේ කෙළපිඬක් සේ බැහැර කළ මේ ධන සම්පත් නම් මට එපා. මටත් පැවිදි වෙන්ට ඕනෑ."

මෙසේ ඒ දෙන්නා ම ගේ දොර පටන් සෑම සැප සම්පතක් ම දන් දුන්නා. කාශී නියම්ගම අත්හැර හිමාලය බලා පිටත් වුණා. රමණීය පෙදෙසක අසපුවක් කොට පැවිදි වුණා. රුකින් වැටෙනා එලවැලින් යැපී තපස් රැක්කා. දස වසක් ම ගෙවීගිය නමුත් ඔවුන්ට ලැබුණේ

ගිහිගෙයින් නික්මීමෙන් ලත් පැවිදි සැපය පමණයි. තවම ධ්‍යානයක් උපදවා ගන්ට බැරිවුණා. දවසක් ලුණු ඇඹුල් සෙවීම පිණිස හිමාලයෙන් පහළට ඇවිත් අනුපිළිවෙළින් චාරිකාවේ වැඩියා. බරණැසටත් පැමිණියා. රාජ උද්‍යානයේ වාසය කළා.

දවසක් පඬුරු රැගෙන ආ උයන්පල්ලා දුටු රජතුමාට උද්‍යාන ක්‍රීඩාවට ආශාවක් ඇතිවුණා. උයන සරසන්ට කියා මහත් පිරිවරින් යුක්තව උයන බලා පිටත් වුණා. එදා බෝධි තාපසයොත් තාපසී සමග උයන කෙළවරේ රුක් සෙවණක විවේකීව වාඩිවී උන්නා.

රජතුමා උයන්සිරි නරඹමින් යන අතරේ හදිසියේ ම වාගේ තාපසී දෙස බැලුවා. දුටුවන්ගේ නෙත් සිත් වසඟ කරවන, අසාමාන්‍ය රූසිරියෙන් බබළන තාපසිය දුටු පමණින් ම පුදුමයට පත්වුණා. ඇස්පිය නොහෙළා ඇය දෙස බලා සිටියා. 'මොනවා... මේ තරම් පුදුම සහගත රූපයක් මනුලොව සිටින ස්ත්‍රියකට කොයින් ද? මෑ නම් දෙවඟනක් ම වෙන්ට ඕනෑ. එතකොට අර තාපසයා කවුද? අහෝ... මේ තරම් ම ලස්සන ළඳක් තාපසියක් වුනේ ඇයි? නෑ... නෑ... ඈ තාපසියක් විය යුතු නෑ. ඈ ඉන්ට ඕනෑ මා ළඟයි' යි සිතා කෙලින් ම ගොස් බෝසතුන්ගෙන් ඇසුවා.

"තාපසය... කවුද මේ තැනැත්තී? තොපගේ කවුරුවත් ද?"

"මහරජ, දැන් නම් මැය මාගේ කවුරුවත් නොවේ. මා හා එකට පැවිදි වූ එක්තරා තවුසියක්. ගිහි කාලේ නම් මගේ බිරිඳ!"

'හෝ... එහෙනම් මෑ දැන් කවුරුවත් නොවේ. ගිහි කාලේ නොවැ මොහුගේ පාදපරිචාරිකාව වී සිටියේ... දැන් ඉතින් මං රාජබල යොදවා මගේ වසඟයට මැව ගන්ට ඕනෑ. මොහු මට කුමක් කරන්ට ද?' යි සිතා මේ පළමු ගාථාව පැවසුවා.

1. සුවිසල් නෙත් යුග නිල්වන් සොඳුරු කැලුම් දිලෙනා
මිහිරි සරින් බස් දොඩනා මඳ සිනහව නගනා
තොපගේ මේ ළඳ ගෙන යමි මගේ බලය යොදමිනා
කුමක් කරන්නෙහි ද බමුණ මෙතැන බලා සිටිනා

රජු ඇසූ මේ ගාථාවට පිළිතුරු දෙමින් බෝධි තාපසයෝ ගාථාවකින් මෙය පැවසුවා.

2. මේ ළඳ තොප ගෙන යන විට බලය යොදවමින්නේ
ඇතුළෙ උපන්නොත් නෑ එය පිටට යන්ට දෙන්නේ
මා දිවි තිබෙනා තුරු නැත පිටට යන්ට දෙන්නේ
නැගුණු ධූලි නිවනා මහ වැස්ස විලස ඉන්නේ

මහරජ මේන්න මේකයි මේ ගාථාවේ තේරුම. ඉදින් තොප මැය බලහත්කාරයෙන් ගෙන ගියත් මගේ සිත තුළ ඒ ගැන කෝපයක් උපන්නොත් එය පිට කරන්නේ නෑ. මා දිවි තිබෙන තුරු ම මගේ ජීවිතය තුළ උපන් කෝපයක් පිට කරන්නේ නෑ. මහවැස්සක් ඇවිස්සීගිය දූවිලි නිවනවා වගේ මාත් කෝපය නිවාගන්නවා" කියා සිංහනාද කළා.

එතකොට රජ්ජුරුවෝ තාපසිය දෙස බලා සිටියා. තාපසිය බිම බලාගෙන සිටියා. රජුගේ සිත රාගයෙන් ඇවිස්සී ගියා. ඔහු තම රාග සිත වළකාගන්ට බැරි තරම් අන්ධබාලයෙක් වුණා. බෝධි තාපසයන් පැවසූ කරුණ

වටහාගන්ට බැරිවුණේ ඒ නිසා ම යි. ඔහු ඇමතියෙකුට අණ කළා.

"මේ තාපසිය තවදුරටත් සිල් රකින්ට ඕනෑ නෑ. මාලිගාවට කැඳවාගෙන එව."

තාපසිය හොඳටම භය වුණා. දෑස් විදහාගෙන තම ස්වාමියාව සිටි තවුසා දෙස බැලුවා. තවුසා බිම බලා නිහඬව ඉන්නවා. ඇය හයියෙන් කෑගැසුවා.

"අනේ... අයියෝ... මේ මොන මහා අධර්මයක් ද? අනේ... මම් බඹසර රකින තවුසියක්. අනේ දෙවියනේ... අයියෝ... ඇ... ඇයි මට මෙහෙම කරන්නේ? අනේ... මං... මොන වරදක් කළා ද?" කියා උයන දෙදරන්ට කෑගැසුවා. රන් ලතාවක් ඇදගෙන යන සෙයින් හඬා වැලපෙමින් සිටි ඇය ඇදගෙන ගියා. බෝධිසත්වයෝ එක්වරක් පමණක් හිස ඔසොවා ඇය දෙස බැලුවා. නැවත බිම බලා ගත්තා. ඈ හඬමින් වැලපෙමින් සිටියදී රජමාලිගාවට ඇදගෙන ගියා.

රජ්ජුරුවෝ වැඩි වෙලාවක් උයනේ ගත කළේ නෑ. ඉක්මනින් ම මාලිගාවට ගොහින් ඈ ඉදිරියට කැඳෙව්වා. ඇයට බොහෝ සැප සම්පත් දෙනවා කියා නැවත නැවතත් දිවුරා කිව්වා. එතකොට ඇය හඬ හඬා කාම සම්පත්වල ඇති ආදීනවත්, පැවිද්දේ ඇති සැපයත් ගැන ගුණ කිය කියා තවුසියක් හැටියට දිගටම ඉන්ට ඕනෑ කියා දිවුර දිවුරා කිව්වා. රජ්ජුරුවන්ට ඇයව නම්මාගන්ට බැරිවුණා. ඇයව කුටියක සිර කළා.

රජතුමා සිතන්ට පටන් ගත්තා. 'මේක හරි පුදුමයි නොවැ. ඈ කිසිම රාජසම්පතකට කැමති නෑ. තාපසයා

ගැනත් මට පුදුමයි. මෙබඳු රූසිරියෙන් දිලෙනා උතුම් ළඳක් පැහැරගෙන එද්දී ඔහු බැලීම් මාත්‍රයකින්වත් කෝපයට පත්වූ බව පෙන්නුවේ නෑ. පැවිද්දන්ට බොහෝ මායා තියෙනවා නොවැ. කවුරුන් හෝ යොදවා මට කරදරයක් වුණත් කරවන්ට බැරි නෑ. කෝකටත් මම් ම ගොහින් බලන්ට ඕනෑ ඔහු දැන් කුමක්ද කරන්නේ කියා' යි මාලිගයේ ඉන්ට බැරිව උයනට ගියා.

ඒ වෙලාවේ බෝධි තාපසයෝ තමන්ගේ ඉරීගිය සිවුරක් මසමින් සිටියා. රජ්ජුරුවොත් වැඩි පිරිසක් නැතිව සද්ද බද්ද නැතිව හෙමින් හෙමින් ළං වුණා. බෝධිසත්වයෝ කා ගැනවත් නොසළකා දිගටම සිවුරු මහන කටයුත්ත ම කරමින් සිටියා. රජ්ජුරුවෝ මෙහෙම හිතුවා. 'මේකා නම් මහා කූට තාපසයෙක්. දැන් මාව දැක දැකත් කතා කළේ නෑ. කලින් කොහොමද කීවේ. සිතේ කෝපයක් උපදින්ට දෙන්නේ නැත, උපන් සැණින් නැති කරනවා ය කියලා. දැන් ඔය ඉන්නේ කෝපයෙන් දැඩිව!' යි සිතා මේ තුන්වෙනි ගාථාව පැවසුවා.

3. **කලින් කීවෙ මහ ලොකුවට තරහ ගන්නෙ නැත කියා**
මහා දියුණු හිතක් තමා තුළ තියෙනා බව කියා
කෝපෙන් දැන් මොකෝ නිහඬ -
බිමට දෙනෙත් යුග තියා
සිවුර මහන විලසට ඉන්නවා තරහ සිත තියා

එතකොටයි බෝධිසත්වයෝ රජතුමා ආ වග දැක්කේ. තමා තුළ කෝපය නොහටගත් බව පවසමින් මේ ගාථාවන්ගෙන් ඔහුට පිළිතුරු දුන්නා.

4. **රජුනි මා සිතේ කෝපය නූපන්නා නොවේ**
එනමුදු මසිතේ එය පිහිටා සිටියේ නොවේ

දිවි තිබෙනා තුරු මගේ ක්‍රෝධය පිට නොවේ
මහ වැස්සෙන් කැළඹී ගිය දූවිලි රැස නිවේ

මහරජ ඇත්තෙන් ම මසිතෙහි ක්‍රෝධය නූපන්නා නොවේ. උපන්නා. නමුත් එය මගේ සිත තුළ පිහිටන්ට ඉඩ තිබ්බේ නෑ. මා දිවි තිබෙනා තුරු ක්‍රෝධයක් නම් කිසිම ඉරියව්වකින් පිටකරන්නේ නෑ. මගේ ප්‍රතිපදාව ඒක ම යි. මහා වැස්සකින් කැළඹී ගිය ධූලි රැස සංසිඳෙනවා වගේ මං සැණෙකින් ඒ කෝපය නිවාදැම්මා.

"තාපසය, ඇත්තටම ඔබ කිව්වේ කෝපය ගැන ම ද? වෙන කිසිවක් ගැන නොවේ ද?" කියා මේ ගාථාව ඇසුවා.

5. **තොප තුළ උපන් නමුත් පිට නොකළා කීවෙ කුමක්ද?**
දිවි තිබෙනාතුරු පිටතට නොදෙන්නෙ කුමක්ද?
මහවැසි ඇදහැලී නිවෙන දූවිල්ල කුමක්ද?
බමුණ මෙලෙස මට කිවු දේ ඒ අරුත කුමක්ද?

මහරජ, මං මේ හැම දෙයක් ම කීවේ ක්‍රෝධය ගැන ම යි. ක්‍රෝධය කියන්නේ මහ විනාශකාරී භයානක දෙයක්. හැබැයි ඒ භයානක ක්‍රෝධය මා තුළත් උපන්නා. මං මෛත්‍රී බලයෙන් සැණෙකින් එය පාලනය කළා." කියා මේ ගාථාවන් පැවසුවා.

6. **ක්‍රෝධය යම් සිතක උපන්විට -**
යහපත නම් ඔහුට නෑ පෙනෙන්නේ
ක්‍රෝධ නොමැති සිත ඇති විට -
තමා මෙන්ම අනුන් ගැනත් යහපතයි දකින්නේ
ඒ ක්‍රෝධය උපන් නමුත් මා සිතේ -
නෑ කිසිදා පිටතට නම් දෙන්නේ

අනුවණ ජනයාට ලොවේ -
  ක්‍රෝධය ආහාර ලෙස තියෙන්නේ

7. දුක් දෙනු කැමති සතුරන් හට -
  ක්‍රෝධය තුළින් සතුට ම යි උපදින්නේ
ඒ ක්‍රෝධය මා තුළ ද උපන් නමුත් -
  නෑ පිටට මුදාහරින්නේ
අනුවණ ජනයා ලොවේ -
  ක්‍රෝධයෙන් ම යි යැපෙන්නේ

8. යම් සිතක උපන්විට ක්‍රෝධය -
  තම යහපතත් නෑ වැටහෙන්නේ
ඒ ක්‍රෝධය මා තුළ ද උපන් නමුත් -
  නෑ පිටට මුදාහරින්නේ
අනුවණ ජනයා ලොවේ -
  ක්‍රෝධයෙන් ම යි යැපෙන්නේ

9. යම් ක්‍රෝධයකින් - මිනිසාව යටත් කළ විට
ඔහුගේ හැම කුසල් - ඔහු කෙරෙන් බැහැරට දමයි
මෙය බැහැර ලව මට වැඩක් නැත මෙයින් කියා
මහත් වූ යහපත පවා ඔහු අහිමි කර ගනියි

10. අහෝ මේ ක්‍රෝධය නම් -
  බිහිසුණු කෙලෙස් සේනා සහිත ය
බලවත් ක්‍රෝධයෙන් -
  උතුම් සත්වයන් පවා පහතට ඇද දමයි
මහරජුනි මා ළඟදි නම් -
  ක්‍රෝධයට නිදහසක් නෑ ම යි

11. ගිනි ගානා දඬුව ගෙන -
  වියළි දරකඩ එහි හොඳින් මදින්නේ

ඒ දරකඩත් අවුළුවාගෙන - ගින්න එහි ඇවිලෙන්නේ
යමකින් උපනි නම් ගිනි - එය ම ය එය දවන්නේ

12. ලොවේ යහපත නොදන්නා - අනුවණ බාල ජනයා
එකට එක කිරීමෙන් - ක්‍රෝධය උපදවා ගන්නේ
ඒ ක්‍රෝධයෙන් ම යි ඔහු - හැමවිට දැවී යන්නේ

13. වියළි තණ දරගොඩකට - ගිනි ඇවිලෙනා විලසට
යමෙකුගේ සිත තුළ - ක්‍රෝධය ම ඇවිල යයි නම්
කළුවර පසෙහි සඳ - අඳුරු වී යන විලසින්
ඔහුගේ කිත් යසස් - කෙමෙන් පහවී යන්නේ

14. ඇවිලෙන කිසිත් නැතිවිට - ගින්න ද නිවී යන්නේ
යමෙකුගේ සිතෙහි ක්‍රෝධය - වහා සංසිඳී යයි නම්
පුර පස නැගෙන සඳ ලෙස -
ඔහුගෙ කිතුගොස වැඩී යන්නේ

බෝධිසත්වයෝ මේ අයුරින් ක්‍රෝධයේ ඇති ආදීනවයත්, ක්‍රෝධ නොකිරීමේ ආනිශංසත් ගැන රජුට ධර්මය දේශනා කළා. රජතුමාට පුදුමාකාර සතුටක් ඇතිවුණා. ඔහු වහා ම තාපසිය යළි කැඳවාගෙන එන්ට කියා අණ කළා.

"ස්වාමීනී, ක්‍රෝධ සිත් නැති උතුම් තාපසින්නාන්ස, තමුන්නාන්සේලා දෙදෙනා ම මේ උයනේ සැපසේ තවුස්දම් පිරුව මැනව. මං මුළුමනින් ම ආරක්ෂාව සලසන්නම්" කියා සියලු පහසුකම් සලසා දුන්නා.

ඉතින් ඒ තවුසත් තවුසියත් බොහෝ කල් එහි සුවසේ වාසය කළා. පසු කලෙක තවුසිය කලුරිය කළා. බෝධිසත්වයෝ තනියම හිමාලය බලා පිටත් වුණා.

බ්‍රහ්මවිහාර භාවනාව වඩා ධ්‍යාන අභිඥා උපදවාගෙන මරණින් මතු බඹලොව උපන්නා.

භාග්‍යවතුන් වහන්සේ මේ ජාතකය මුල්කොට චතුරාර්ය සත්‍ය ධර්මය වදාළා. ඒ ධර්ම දේශනාව අවසානයෙහි ක්‍රෝධ බඳින සිතින් යුතු භික්ෂුව අනාගාමී ඵලයෙහි පිහිටියා. "මහණෙනි, එදා තවුසිය වෙලා සිටියේ අපගේ රාහුලමාතාවෝ. රජතුමා ව සිටියේ අපගේ ආනන්දයෝ. ක්‍රෝධ රහිත සිතින් විසූ තවුසා ව සිටියේ මම ය" කියා මේ චුල්ලබෝධි ජාතකය නිමවා වදාළා.

06. කණ්හදීපායන ජාතකය

පවට ලැජ්ජා භය ඇතිව විසූ තවුසාගේ කතාව

පින්වතුනේ, පින්වත් දරුවනේ,

මෙකල බොහෝ අය තමන් තුළ ඇතිවන සුළු පීඩා අපහසුකම් මහා විශාල දෙයක් වශයෙන් සිතට ගෙන, එය ම අනුන්ටත් කියව කියවා දුකසේ වාසය කිරීම සුලභ වශයෙන් දකින්ට ලැබෙයි. බුද්ධ කාලයේත් එවැනි අය සිටි බව මේ කතාවෙන් පෙනේ.

ඒ දිනවල අපගේ භාග්‍යවතුන් වහන්සේ වැඩවාසය කොට වදාළේ සැවැත් නුවර ජේතවනයේ. එකල පැවිද්දට ඇති ආශාව නැතිකරගත්, පැවිද්ද ගැන ඇල්ම නැති වූ එක්තරා භික්ෂුවක් 'අනේ මට දැන් මහණකමේ ඉන්ට සිතෙන්නේ නෑ. ගෙදර යන්ට ම යි හිත.' කියමින් තමන් මහා පීඩාවකින් ඉන්නා බව කියා අනිත් අය වෙත ගොස් හැම තිස්සේ ම මැසිවිලි කියන්ට පටන් ගත්තා. එතකොට භික්ෂූන් වහන්සේලා භාග්‍යවතුන් වහන්සේට එකරුණ දැනුම් දුන්නා. භාග්‍යවතුන් වහන්සේ ඒ භික්ෂුව කැඳවා තමා පීඩාවකින් මහණදම් පුරන බව සැබෑවක් දැයි අසා වදාළා.

"එහෙමයි භාග්‍යවතුන් වහන්ස. මං මහත් පීඩාවකින් ඉන්නේ."

"ඇයි භික්ෂුව එහෙම කියන්නේ? මෙවැනි අමා නිවන් ලබාදෙන, නෛර්යාණික බුදුසසුනක පැවිදි ව, මා බඳු සම්බුද්ධත්වයට පත් ශාස්තෘවරයෙකුත් ඉදිරියේ, මේ සිව්වණක් පිරිසක් ඉදිරියේත් කිසි ලැජ්ජා භයකින් තොරව තමා ප්‍රතිපදාව කෙරෙහි කළකිරී ඉන්නවා ය කියන වචනය කියන්ට පුළුවන් වුණා නේද? ඇයි එවැනි වචනයක් කටින් පිට නොකර ඉන්ට තරම් ලැජ්ජා භය නැතිව ගියේ? නමුත් බලන්ට. අතීතයේ සිටිය නුවණැත්තෝ බුදුවරු නූපන් කාලයේ බාහිර අන්‍ය තීර්ථක පැවිද්දෙන් පැවිදි ව සිටත්, පනස් වසකට අධික කාලයක් අකැමැත්තෙන් ම බඹසර හැසිර සිටත්, හිරි ඔතප් බිඳගන්ට භයෙන් පැවිද්දට තමා තුළ තිබූ අකැමැත්ත කාටවත් ම නොකියා සිටියා නොවැ" යි මෙසේ වදාළ භාග්‍යවතුන් වහන්සේ මේ අතීත කථාව ගෙන හැර දක්වා වදාළා.

"මහණෙනි, ගොඩාක් ඉස්සර කාලේ වංසක රටෙහි කොසඹෑ නුවර කෝසම්බි නම් රජෙක් රාජ්‍ය විචාරමින් සිටියා. ඔය කාලේ එක්තරා නියම්ගමක මිත්‍ර බ්‍රාහ්මණවරු දෙදෙනෙක් තමන් සතු අසූ කෝටියක මහා ධනය දන් දී, ඔවුන්ගේ පිරිවර ජනයා හඬා වැලපෙද්දී, කාමයෙහි දොස් දැක ගිහි ජීවිතය අත්හැරියා. දෙන්නා ම හිමාල වනයට ගියා. ගොහින් තාපස පැවිද්දෙන් පැවිදි වුණා. එහි අසපුවක වසමින් රුකින් වැටෙන මල් ගෙඩි අනුභව කරමින් ජීවත් වෙන්ට පටන් ගත්තා. ඔවුන්ගේ තාපස පැවිද්දට පනස් වසක් ම ගෙවී ගිය නමුත් දෙන්නාගෙන් කාටවත් ධ්‍යාන අභිඥා විශේෂයක් උපදවා ගන්ට බැරිවුණා.

පනස් වසක් ඇවෑමෙන් පසු ඒ තවුසන් දෙන්නා ලුණු ඇඹුල් සහිත ආහාරයක් ලබනු කැමති ව ජනපද

චාරිකාවට පිටත් වුණා. අනුක්‍රමයෙන් කාශී රටටත් පැමිණියා. මේ තවුසන් දෙදෙනාගෙන් එක් තවුසෙකුගේ නම දීපායන. අනිත් තවුසාගේ නම මණ්ඩව්‍ය.

දීපායන තවුසාගේ ගිහි කල මිත්‍රයෙක් සිටියා. ඔහුගේ නමත් මණ්ඩව්‍ය. දවසක් මේ තවුසෝ දෙදෙනා මණ්ඩව්‍ය බ්‍රාහ්මණයාගේ නිවසට පැමිණියා. පැරණි සගයා පැමිණීම ගැන ඔහු ඉතා සතුටට පත්වුණා. ඉක්මනින් ම කොළ අතු සෙවිලි කොට කුටියක් තනවා එහි තවුසන් දෙදෙනා ම වාසය කරවා සිව්පසයෙන් උපස්ථාන කළා. මණ්ඩව්‍ය බ්‍රාහ්මණයාගේ කුටියෙහි මේ දෙන්නා තුන් අවුරුද්දක් වාසය කළා. නැවතත් චාරිකාවේ පිටත් ව බරණැසට පැමිණියා. එහි අතිමුත්තක නමැති සොහොනේ වාසය කරන්ට පටන් ගත්තා. දීපායන තවුසා කැමති තාක් කල් එහි වැස නැවත මණ්ඩව්‍ය බ්‍රාහ්මණයාගේ කුටියට ගියා. නමුත් මණ්ඩව්‍ය තාපසයා කොහේවත් නොගොස් අතිමුත්තක සොහොනේ ම තවදුරටත් වාසය කළා.

දවසක් එක්තරා සොරෙක් ඇතුළු නුවර නිවසකින් බඩු සොරා ගත්තා. ගෙදර මිනිසුන්ටත් ඔවුන්ගේ රැකවල් මිනිසුන්ටත් සොරෙක් බඩු ගෙනියනවා දකින්ට ලැබුණා. ඔවුන් සොරාව පසුපසින් පන්නාගෙන ආවා. සොරා වේගයෙන් දුවගෙන ඇවිත් අතිමුත්තක සොහොනට ගොහින් සොහොනේ කෙළවර කොළ අතු සෙවිලි කළ කුටියක් තියෙනවා දැක්කා. එතනට ගොහින් තමන් සොරාගත් බඩු ටික ඒ කුටියේ දොරකඩ තබා පලාගොස් සැඟවුණා. පසුපසින් ආ මිනිස්සු එතන බඩු තියෙනවා දැක සිතුවේ සොරා වාසය කරන්නේ එතැන කියලයි. ඔවුන් ආ ගමන් දොරට ගසා කෑගැසුවා. මණ්ඩව්‍ය තවුසා දොර හැරියා.

"ආහා... මේං... හෑ... තක්කඩි තාපසයා... එහෙනම් තෝ තමයි රට සොරකමේ ගොහින් හිටං දවාලට තාපස වේසෙන් හැසිරෙන්නේ ඒ..? නිදකිං තෝ... තෝ වගේ එවුන් තමයි මේ තවුසන්ගේ පැවිද්දත් ලැජ්ජාවට පත් කරන්නේ. හොරා... තෝ ගෙවල් බිඳින්ට ඒ...?" කියා පැනපු ගමන් තාපසයා බිම පෙරළාගෙන හොඳටම පහර දුන්නා. දෑත් පිටුපසට කොට බැඳ රජු ඉදිරියට ගෙන ගියා. රජ්ජුරුවොත් කිසිම විභාගයක් කළේ නෑ. බඩුත් එක්ක ම සොරා අල්ලාගත්තා කිවු නිසා සොහොනට ගෙන ගොස් උල හිඳුවන්ට නියම කළා.

රාජපුරුෂයෝ මණ්ඩව්‍ය තවුසාට කසයෙන් තල තලා නැවතත් තමා නැවතී තවුස්දම් පිරූ අතිමුත්තක සොහොනට ම ඇදගෙන ආවා. කිහිරි උලක් බිම සිටුවා එහි හිඳුවන්ට උත්සාහ කළා. හරි ගියේ නෑ. කිහිරි උල සිරුර කඩාගෙන යන්නේ නෑ. ඊට පස්සේ කොහොඹ උලක් හිටෙව්වා. එය හරි ගියෙත් නෑ. එයත් සිරුර කඩාගෙන ඇතුළට යන්නේ නෑ. ඊට පස්සේ යකඩ උලක ඉන්දුවා. ඒ යකඩ උල පවා ඇතුළට කඩාගෙන ගියේ නෑ.

මණ්ඩව්‍ය තවුසා නිශ්ශබ්ද ව මේ ගැන කල්පනා කරන්ට පටන් ගත්තා. 'අහෝ... මම් මේ තපස් රකින්ට සොහොනට ඇවිත්, නිරපරාදේ මුහුණ දෙන්ට සිදු වූ විපත මොකක්ද? මේක පූරුවෙ ආත්මයේ කළ පවක් ද? එසැණින් ම තමන්ගේ පෙර ආත්මය පේන්ට පටන් ගත්තා. එක්තරා ආත්මයක තමා වඩුවෙකුගේ පුතෙක්. දිනක් මේ දරුවා තම පියා ලී සහින තැනට ගියා. ගොහින් මැස්සෙකු අල්ලාගෙන ළඟ තිබූ කොබෝලීල කීරක මැස්සාව උල හින්දුවා. දැන් ඒ පාපය ම විපාක දෙන්ට අවස්ථාව පැමිණුනා කියා මණ්ඩව්‍ය තවුසාට

වැටහුණා. තමාට මේ කර්ම විපාකයෙන් බේරෙන්ට බැරි බවත් තේරුම් ගියා. රාජපුරුෂයන් අමතා මෙය කීවා.

"භවත් රාජපුරුෂයිනි, ඉදින් තොපට මාව උල හිඳුවන්ට ඕනෑ නම් කොබෝලීල රුකින් කළ හුලක් ඇන්න වර."

එතකොට රාජපුරුෂයෝ කොබෝලීල රුකින් හුලක් කරවා එය සිටුවා තවුසාව එය මත හින්දුවා. එතකොට ඔහුගේ අධෝ මාර්ගය සිදුරු කරගෙන සිරුර ඒ හුල මතට බැස්සා. රාජසේවකයෝ එතනින් පිටතට ගිහින් 'මේ සොරාගේ මිතුරු කවුරුන් හෝ මොහු බලන්ට එන්ට පුළුවනි' කියා සැඟවී බලා උන්නා.

එදා දීපායන තවුසාට මෙහෙම හිතුණා. 'මං කාලෙකින් මගේ මිත්‍ර මණ්ඩව්‍ය තවුසාව බලන්ට ගියේ නෑ නොවැ. දැන්වත් ගොහින් බලන්ට ඕනෑ' කියා පිටත් වෙද්දී අතරමගදී ම මණ්ඩව්‍ය තවුසා සොරකමකට හසුවී උල හිඳුවා ඇති බව ආරංචි වුණා. දීපායන තවුසා කෙලින් ම එතැනට ගොස් මෙය ඇසුවා.

"භවත් මිත්‍රය, තොප මේ සොරකම කළා ද?"

"අනේ නෑ මිත්‍රයා... මං මොකෝවත් ම දන්නේ නෑ. මං නොකල දේකටයි මේ දඬුවම් ලැබුණේ. මං මේ ජීවිතයේ කවරදාකවත් සොරකමක් කළේ නෑ."

"හරි... මිත්‍රයා, එහෙමනම් මට කියන්ට දැන්. නිවැරැද්දේ මේ වෙච්චි විපත ගැන තොපගේ සිතේ කා ගැනවත් තරහක් අමනාපයක් හටගත්තා ද නැද්ද?"

"අනේ මිත්‍රයා... මේ සත්තක් ම යි කියන්නේ. මට

ගහපු උදවිය ගැනවත්, මාව උල හිඳවූ රාජපුරුෂයන් ගැනවත්, මට රාජාඥා කළ රජතුමා ගැනවත් තරහ සිතක් උපදවා ගත්තේ නෑ."

'අහෝ... මෙබඳු සිල්වතෙකුගේ සෙවණැල්ල පවා මට සැපයි' කියා දීපායන තවුසා ඒ හුල යට එහෝම එරමිණියා ගොතාගෙන වාඩිවුණා. මණ්ඩව්‍ය තවුසාගේ සිරුරෙන් වැගිරෙන ලේ බිඳු දීපායන තවුසාගේ සිරුර මත වැටෙන්ට පටන් ගත්තා. ඔහුගේ රන්වන් සිරුර මත ඒ ලේ බිඳු වැටුණ තැන් කළු පැහැයට දිස්වුණා. එතැන් පටන් ඔහු කණ්හදීපායන නමින් ප්‍රසිද්ධ වුණා. එදා මුළු රෑ ම ඔහු කොහේවත් නොගොස් ඒ හුල යට ම වාඩි වී උන්නා.

පසුවදා රාජපුරුෂයන් ගොසින් රජතුමාට මෙය සැළකළා. 'අහෝ... එහෙනම් මා නොවිමසා කළ වැඩක් වගේ. මට වැරදුනාවත් ද!' කියා ඉක්මනින් ම එතැනට ආවා.

"එම්බා පැවිද්ද, තොප මේ හුලට හේත්තු වී බිම වාඩිවී සිටින්නේ මක් නිසා ද?"

"මහරජ, මං මේ තාපසින්නාන්සේව ආරක්ෂා කරන්ට ඕනෑ. ඒ නිසයි මෙහෙම ඉන්නේ."

"ඇත්තෙන් ම තොප මේ තැනැත්තා සොරකම් කළා ද නැද්ද කියා හොඳාකාරව ම දැනගෙන ද මෙහෙම කරන්නේ?"

"එසේය මහරජ, මාත් සමග තවුස්දම් පිරූ සිල්වත් තාපසයෙක් මොහු. මං හොඳාකාරව ම එය දන්නවා. මහරජ, යමෙකුට දඬුවම් නියම කිරීමේදී හොඳින් විමසා

බලා කිරීම නේද උතුම්?" කියා කණ්හදීපායන තවුසා රජුට දහම් දෙසුවා.

මණ්ඩව්‍ය තවුසා නිදොස් බව රජ්ජුරුවන්ට වැටහුණා. "රාජපුරුෂය, ඉක්මනින් ම මේ තාපසින්නාන්සේව උලෙන් උඩට ඇදලා ගනිං."

කොතෙක් උත්සාහ කළත් ඔහුව උලෙන් උඩට ඔසවා ගනිමින් නිදහස් කරන්ට ඔවුන්ට බැරිවුණා. එතකොට මණ්ඩව්‍ය තවුසා මෙහෙම කීවා.

"මහරජ, මේක මගේ ම පෙර කර්මයක විපාකයක්. ඒ නිසා ම යි මෙබඳු නින්දාවක් මට ලැබුණේ. මේ හුල සිරුරෙන් අයින් කිරීම කරන්ට ඇහැකි දෙයක් නෙවෙයි. ඉදින් තමුන්නාන්සේ මට ජීවිතදානය දෙන්ට කැමති නම් මේ හුල සිරුරට බැස තියෙන සම ළඟින් කියතකින් කප්පවා වෙන් කරන්ට."

රජ්ජුරුවෝ එසේ කෙරෙව්වා. හුලේ කොටසක් සිරුර ඇතුලේ එහෝම තිබ්බා. පෙර ආත්මයේ තමා වඩුපුත්‍රයාව සිටියදී මැස්සාට විද්ද කූර මැස්සාගේ සිරුරේ එසේ ම තිබුණේ යම් සේ ද, ඒ හේතුව නිසා ම මොහු මැරුණෙත් නෑ. ආයුෂ අවසන් වී මැරෙනා තුරු කොබෝලීල ලී කැබැල්ල සිරුර ඇතුළේ එහෝම තිබ්බා. රජ්ජුරුවෝ තාපසයන්ට වැඳ කමා කරවාගෙන දෙදෙනා ම රාජඋයනේ වාසය කරවා උපස්ථාන කළා. එතැන් පටන් මණ්ඩව්‍ය තවුසා 'ආණිමණ්ඩව්‍ය' 'ඇණය සහිත මණ්ඩව්‍ය' යන නමින් ප්‍රසිද්ධ වුණා. තුවාලය සුවපත් වූ පසුත් ආණිමණ්ඩව්‍ය තවුසා රජඋයනේ ම ජීවිතය ගත කළා. දීපායන තවුසා නැවතත් තම මිත්‍ර මණ්ඩව්‍ය බ්‍රාහ්මණයා තනවා දුන් කුටිය වෙත ගියා. බ්‍රාහ්මණ

මිත්‍රයාත් තම මිත්‍ර තවුසා පැමිණි වග අසා අඹුදරුවන් ද සමග තවුසාව බැහැදකින්ට ආවා. ඇවිත් ගිලන්පස පිළිග න්වා පාවල තෙල් ගල්වා උවටැන් කරමින් ආණිමණ්ඩව්‍ය තවුසාගේ පුවත අසමින් උන්නා.

ඔහුට යඤ්ඤදත්ත නම් කුඩා පුතෙක් ඉන්නවා. එදා ඒ කුමාරයා සක්මන කෙළවර පන්දුවකින් සෙල්ලම් කරමින් සිටියා. පොඩි දරුවා බිම ගැසූ පන්දුව නැගී ගොස් අසල තිබූ තුඹසක බෙණයට වැටුණා. එය වැටුණේ විෂඝෝර නාගයෙකුගේ හිස මතට යි. මෙය නොදත් දරුවා බෝලය ගන්ට බෙණයට අත දැම්මා. එසැණින් නාගයා දරුවාට දෂ්ට කළා. නයි විසෙන් දරුවා එතැන ම සිහි නැතිව ඇදගෙන වැටුණා. දරුවාට නයෙකු දෂ්ට කළ බව දැනගත් මව්පියන් දරුවාව සොයාගෙන ඇවිත් දීපායන තවුසාගේ පාමුල තබා හඬමින් මෙහෙම කීවා.

"අනේ ස්වාමීනී, තමුන්නාන්සේලා ඖෂධ ගැනත්, ආරක්ෂා විධි ගැනත් දන්නවා නොවැ. අපගේ දරුවාව බේරාදෙන්ට ස්වාමීනී."

"පින්වත, මං ඖෂධ ගැන නම් දන්නේ නෑ. වෙදහෙදකම් ගැන දන්නෙත් නෑ. මං පැවිද්දෙක් නොවැ."

"අනේ එහෙනම් ස්වාමීනී, මේ දරුවාට මෙත් වඩා අඩුගණනේ සත්‍යක්‍රියාවක්වත් කරන්ට."

"හා... ඒක හොඳා... සත්‍යක්‍රියාවක් නම් කරන්ට පුළුවනි" යි කියා යඤ්ඤදත්ත දරුවාගේ හිස මත අත තබා මේ පළමු ගාථාව කිව්වා.

1. **පින් රැස්කරගන්ට සිතා මං -**

තාපසයෙක් බවට පත්වුණේ

අනේ ඒත් මං බඹසර සතුටින් රැක්කේ -
හරියට ම හත්දොහයි
දැන් මාගේ තපස් ජීවිතේ -
පනස් වසකටත් වඩා ගෙවීගියා
මෙතෙක් කලක් මං ගෙව්වේ -
සිත සතුටින් නම් නොවෙයි
ඇත්තක් ම යි මේ පවසන්නේ -
මා කිවු මේ සත්‍ය වචනයෙන්
යඤ්ඤදත්ත දරුවා සුවපත් වේවා -
නයි විස වැනසී ජීවිතය රැකේවා!

මේ සත්‍ය ක්‍රියාව කරනවාත් සමග ම යඤ්ඤදත්ත දරුවාගේ සිරුරේ පපුව පෙදෙස දක්වා තිබූ නයි විෂ පොළොවට බැස ගියා. එතකොට කුමාරයා ඇස්පිය ගසා ඇස් ඇර මාපියන් දෙස බැලුවා. 'අම්මා' කීවා. ආයෙමත් පැත්තට පෙරළී වැටුණා.

එතකොට මණ්ඩව්‍ය බ්‍රාහ්මණයාට කණ්හදීපායන තවුසා මෙය කීවා.

"ඕං මං මගෙ ශක්ති පමණින් සත්‍යක්‍රියාව කළා. දැන් ඔහෙත් තමන්ට ඇහැක් පමණින් සත්‍යක්‍රියාවක් කරන්ට."

එතකොට ඔහු දරුවාගේ උදරයට අත තබා මේ දෙවෙනි ගාථාව කිව්වා.

2. ශ්‍රමණ බමුණු පිරිස මගේ ගෙදර ආවිට
මං ඔවුන්ට දන්පැන් පිදුවේ
පින් ලැබේය කියන දහම පිළිඅරගෙන නොවේ
එසේ මං දන් දුන්නේ - කිසි කැමැත්තකින් නම් නොවේ
දන් දීමට මා තුළ ඇති ඒ අමනාපේ

කවුරුවත් ම දැන සිටියේ නෑ - මං එය හැංගවූයෙත් නෑ
ඇත්තක් ම යි මේ පවසන්නේ -
මා කිවු මේ සත්‍ය වචනයෙන්
යඤ්ඤදත්ත මගේ පුතා සුවපත් වේවා -
නයි විස වැනසී ජීවිතය රැකේවා!

මේ විදිහට පියා කළ සත්‍යක්‍රියාව නිසා දරුවාගේ ඉඟටියෙන් උඩ තිබූ නයි විස පොළොවට බැස ගියා. එතකොට කුමාරයා නැගිට්ටා. හිඳගත්තා. ඒත් හිටගන්ට බෑ. එතකොට පියා මව්ට මෙය කීවා. "සොඳුරී... ඕං මාත් මට ශක්ති පමණින් සත්‍යක්‍රියාව කළා. දැන් දරුවා නැගිටුවා ඇවිද්දන්ට ඇහැක් විදිහට ඔහෙත් සත්‍යක්‍රියාවක් කරන්ට බලන්ට."

එතකොට ඈ මෙහෙම කීවා. "ම්... මටත් සත්‍යක්‍රියාවක් නම් කරන්ට පුළුවනි. හැබැයි මං ඔහේ ඉදිරියේ කොහොමෙයි ඒක කියන්නේ? ඒක ටිකාක් කියන්ට අමාරු සත්‍යයක්."

"කමෙක් නෑ සොඳුරී... ඔයැයි කැමති විදිහට සත්‍යක්‍රියාව කොට දරුවා සුවපත් කළොත් මට ඒ ඇති."

එතකොට ඈ තමාගේ සත්‍යක්‍රියාව කරමින් මේ ගාථාව කීවා.

3. **අනේ මයෙ පුතේ - ඝෝර විෂැති නයා කියන්නේ**
බලවත් විෂ තියෙන සතෙක් - ඌ ඉන්නේ තුඹසේ
අද මට ඒ නයා ගැනත් - මහා අප්පිරියාවක් ඇති වුණා
ඔයාගේ තාත්තා ගැන - මයෙ හිතේ තියෙන්නෙත්
ඒ වගේම අප්පිරියාවක් -
නයා ගැනත් ඔයාගේ පියා ගැනත්

මයෙ සිතේ තියෙන අප්‍රිය බව නම් -
කිසි වෙනසක් නෑ පුතේ
ඇත්තක් ම යි මේ පවසන්නේ -
මා කිවු මේ සත්‍ය වචනයෙන්
යඤ්ඤදත්ත මගේ පුතා සුවපත් වේවා -
නයි විස වැනසී ජීවිතය රැකේවා!

ඇගේ සත්‍යක්‍රියාවත් සමග ම දරුවගේ සිරුරේ තිබූ සියලු විෂ පොළොවට බැස ගියා. යඤ්ඤදත්ත දරුවා විෂ නැති සිරුරෙන් නැගිට්ටා. කලින් වගේම සෙල්ලම් කරන්ට පටන් ගත්තා. ඊට පස්සේ මණ්ඩව්‍ය බ්‍රාහ්මණයා කණ්හදීපායන තවුසාගේ අදහස ගැන අසමින් මේ ගාථාව පැවසුවා.

4. මේ ලෝකේ බොහෝ දෙනා පැවිදි වෙන්නෙ
ගිහි ගෙයි ඇති කරදර ගැන කළකිරීම නිසා
පස්සෙ ඔවුන් බවුන් වඩා සිත සනසා ගන්නවා
තමාගෙ ඉඳුරන් හොඳ හැටි දමනය කරගන්නවා
දීපායන තවුස ඔබට -
බඹසර ගැන කැමැත්ත නැතිවුණේ
පැවිද්ද තුළ කුමකට පිළිකුල් වෙලා ද?
එහෙනම් තාමත් ඇයි ඔබ -
ගෙදර නොගොස් පැවිදි ව ඉන්නේ?

එතකොට කණ්හදීපායන තවුසා මේ ගාථාවෙන් පිළිතුරු දුන්නා.

5. කර්මයත් විපාකයත් හොඳින් අදහාගෙන මං
ගේ දොර වස්තුව හැම දේ අත්හැරියා
පැවිදි වුණේ හිතේ උපන් පහන් බව නිසා
ඒ අත්හළ දේ නැවත ගෙදර ඇවිත් ගත්විට

'මේකා නම් ගමේ ගොඩේ මෝඩයෙක් වගේ
අත්හළ දේ ම ගන්ට ආස කළා' කියා -
නින්දාව ලැබෙනවා
ඒ කීම අහන්ට මට ඇත්තේ පිළිකුළයි
ගුණවත් උතුමන් පැවසූ දෙයකි පැවිද්ද
සත්පුරුෂයන්ගෙ සැබෑ නවාතැනත් පැවිද්ද
මං ඒ ගැන සිත සිතා - හඬ හඬා ම රකිනවා බඹසර
මේ විදිහට පින රැස්කරගන්නවා

දීපායන තවුසා මෙය පවසා මණ්ඩව්‍ය බ්‍රාහ්මණයාගෙන් තමන් අකැමැත්තෙන් දන් දීම ගැන කරුණ විමසමින් මේ ගාථාව ඇසුවා.

6. බමුණ තොපේ නිවසට මහණ බමුණන් ආ විට
හොඳින් දන් පැන් පුදා - සලකනා බව දිස්වේ ය මට
පැන් පොකුණක් වාගේ තොප නිවස ඔවුන්ට
දන් පැන පුදනවානෙ තොප එහි හොඳ යසට
කුමක් නිසා උපන්න පිළිකුළක් නිසා දෝ
පැහැදීමක් නැතුව මොකෝ දානෙ පුදන්නේ?

එතකොට මණ්ඩව්‍ය බ්‍රාහ්මණයා තමන්ගේ අදහස පවසමින් මේ ගාථාවෙන් පිළිතුරු දුන්නා.

7. මයෙ අප්පත් මුත්තත් හරි පැහැදීමෙන් යුක්තයි
උන්දැල නිතරම දන් දුන්නා -
දෙන්ට ම ලැස්ති පිට උන්නා
නොකඩවා ම රැකගෙන ආවේ ඒ කුල සිරිතයි
'මේකා මේ පවුලේ කුල සිරිත නැසූ එකා' කියා
කවුරුන් හෝ නින්දාවක් කළොතින් මට
ඒ කීම අහන්ටයි ඇත්තෙන්ම පිළිකුළ
අකැමති ව සිටත් දානය මං දෙන්නෙ ඒ නිසා

මෙය පැවසූ මණ්ඩව්‍ය බ්‍රාහ්මණයා ඉන් පසු සිය බිරිඳ එලෙසින් සත්‍ය ක්‍රියාව කරන්ට හේතුව අසමින් මේ ගාථාව පැවසුවා.

8. එතරම් ලොකු නුවණ නැතත් -
හොඳ ලස්සන රූපෙ තියෙනවා
නව යොවුන් දැරිවි කාලෙ අපේ ඤාති පවුලකින්
මං ඔහේව සහේට ගත්ත කියා හොඳින් දන්නවා
මෙතුවක් කල් මට අප්‍රිය වදනක් නෑ කීවේ
එනමුත් අකැමැත්ත නොපෙන්වා -
මට උවටැන් කෙරුවා
විෂඝෝර සර්පයෙකුට සමාන - පිළිකුලෙන් සිටින්ට
මාත් සමග පවුල් කන්ට ගොහින් -
කුමක් වුණාදෝ තිට?

සිය සැමියා ඇසූ ගාථාවට ඕ මේ පිළිතුරු ගාථාව කීවා.

9. අනේ ස්වාමී මාත් නුඹ නොදකිං කියා කීවෙ නෑ තමයි
මේ අපගේ පවුල් පරපුරේ - සත්වෙනි පරපුර දක්වා
එක ම ගෑණියක්වත් සිය සැමියා අත්හැර
වෙන මිනිහෙක් ගත්තු වගක් අහලම නෑනේ
මයෙ අතින් ඒ පවුල් සිරිත සිඳී ගියෝතින්
'තී ය අපේ පරපුර නැසුවේ' කියා
ලැබෙනා නින්දාවට මං හරිම පිළිකුළයි
අකැමතිකම මගේ හිතේ තදට තියෙද්දී
ඔහේට උවටැන් කරමින් ඉන්නෙ ඒ නිසයි

ඈ මෙහෙම ගාථාවකින් සිතේ තිබුණු අදහස අවංකව ම කීවා. 'රහසේ කිව යුත්තක් නොවැ අපගේ කුළුපග තාපසින්නාන්සේ ඉදිරියේ මං දැන් කීවේ. මා

ගැන මෙයාගේ සිතට කේන්තියක් එන්ට පුළුවනි. නමුත් මේ ප්‍රශ්නය වැඩිය දුර දිග ගෙනියන්ට නාකයි. මං සමාව ගන්නවා' කියා සිතා සමාව ඉල්ලමින් මේ දහවෙනි ගාථාව පැවසුවා.

10. මට මේ දැන් සාමිනේ -
නොකිය යුත්තක් ම නේද කියවුණේ
එහෙත් මගේ සත්‍ය වචනයෙන් අද -
පුතාගෙ දිවි ගැලවුණා
පිටස්තරින් ගෙනා ගෑණියකට නම් -
මේ දරුපෙම හිටින්නේ ම නෑ
යඤ්ඤදත්ත පුතා අපිට හොඳින් ඉන්නවා නේ
එනිසා මං මෙතැන් පටන් උවටැන් කරනෙමි තුටින්
සිතේ තිබූ දේ කීවට - සමාව මට දෙනවනේ

කියා ඇය මණ්ඩව්‍ය බ්‍රාහ්මණයාට වැන්දා. එතකොට බ්‍රාහ්මණයා "හොඳා... හොඳා... නැගිටින්ට සොඳුරී. මං ඔයැයිට සමාව දෙන්නම්. මෙතැන් පටන් ඔවැනි නපුරු සිතිවිලි සිතන්ටෙපා හොඳේ. මං තිට අප්‍රිය දෑ කරන්නෙ නෑ" කියා පැවසුවා.

ඊට පස්සේ කණ්හදීපායන තවුසා මණ්ඩව්‍ය බ්‍රාහ්මණයාට මෙසේ අවවාද කළා. "ගෘහපතිය, තොපගේ අතින් බරපතල දෝෂයක් වුණා. ඉතා දුකසේ උපයාගත් ධනය වියදම් කොට දානාදී පින්කම් කරද්දී කර්මයත් ඒ විපාකයත් අදහා නොගෙන දන් දීපු එක වැරදියි. එයැයි තොපගේ දෝෂය. මින් මත්තට දානාදී පිනක් කරද්දී ඒ දෙන දෙය තමන්ට විපාක වශයෙන් ආපසු ලැබෙනවා ය කියා කම්ඵල අදහාගෙන දන් දෙන්ට."

"අනේ එහෙමයි ස්වාමීනී, මං මින් පස්සේ කම්ඵල අදහාගෙන දන්පැන් දෙනවා. ඒ වගේ ම ස්වාමීනී, තමුන්නාන්සේ පිළිබඳවත් මට වචනයක් කියන්ට අවසර. තමුන්නාන්සේ අපට දක්ෂිණාර්හ, දන් පැන් පිළිගැනීමට සුදුසු උතුමෙක් නොවැ. ඉතින් එහෙව් එකේ අනභිරතියෙන් යුතුව බඹසර හැසිරුණ එක නම් ටිකාක් හරි මදි. මෙතැන් පටන් තමුන්නාන්සේ විසින් කරනු ලබන තාක් ධ්‍යාන භාවනා ආදිය මහත්ඵල ලැබෙන විදිහට සිත පහදවාගෙන කළ මැනව."

දීපායන තවුසාත් ඒ අදහස හරි ය කියා පිළිගත්තා. එතැන් පටන් බිරිඳ සැමියාට ස්නේහවන්ත ව හැසිරුණා. මණ්ඩව්‍ය බ්‍රාහ්මණයා සිත පහදවාගෙන කම්ඵල අදහාගෙන දන් දුන්නා. දීපායන තවුසා අරතිය බැහැර කොට සතුටින් උත්සාහවත් වී ධ්‍යාන අභිඥා උපදවාගෙන මරණින් මතු බඹලොව උපන්නා.

අපගේ ශාස්තෲන් වහන්සේ මේ ජාතකය නිමවා චතුරාර්ය සත්‍ය ධර්මය වදාළා. පිළිවෙතෙහි හැසිරෙන්ට අකැමතිව කළකිරී සිටි භික්ෂුව එය අසා සෝවාන් ඵලයට පත්වුණා. "මහණෙනි, එදා මණ්ඩව්‍ය බ්‍රාහ්මණ වෙලා සිටියේ අපගේ ආනන්දයෝ. ඔහුගේ බිරිඳව සිටියේ විශාඛාවෝ. යඤ්ඤදත්ත පුතු ව සිටියේ අපගේ රාහුලයෝ. කොබෝලීල රැකින් කළ හුලක හිඳින්ට සිදුවී දුක් විඳින්ට සිදුවූ ඒ ආණිමණ්ඩව්‍ය තවුස් ව සිටියේ අපගේ සාරිපුත්තයෝ. කණ්හදීපායන ඍෂි ව සිටියේ මම ය" කියා භාග්‍යවතුන් වහන්සේ මේ කණ්හදීපායන ජාතකය නිමවා වදාළා.

07. නිග්‍රෝධ ජාතකය
නිග්‍රෝධ බෝසත් රජුගේ කතාව

පින්වතුනේ, පින්වත් දරුවනේ,

අප ජීවත් වෙද්දී එකිනෙකාගේ උපකාරය උදව්ව ඕනෑ වෙනවා. මාපියන්ගේ, ගුරුවරුන්ගේ, හිත මිතුරන්ගේ සහාය ඕනෑ වෙනවා. නමුත් යමෙක් එසේ මව්පිය ගුරුවර ආදීන්ගෙන් උපකාර ලබා පස්සේ තමා ගැන පමණක් සිතා තමා විශේෂ කෙනෙක් ය, තමාට ඕනෑ දේ පමණක් ලැබිය යුතුය කියා සිතා ලද උපකාරය අමතක කරයි නම් ඔවුන්ට අහිතවත් ව කටයුතු කරයි නම්, ඔහුට කියන්නේ අසත්පුරුෂයා, මිත්‍රද්‍රෝහියා කියා ය. මේ කතාවෙන් කියවෙන්නේ එබඳු අසත්පුරුෂ මිත්‍රද්‍රෝහියෙකු ගැන යි.

ඒ දිනවල අපගේ භාග්‍යවතුන් වහන්සේ වැඩවාසය කොට වදාළේ සැවැත් නුවර ජේතවනයේ. ඒ කාලයේ දේවදත්ත විසින් භාග්‍යවතුන් වහන්සේට විරුද්ධ ව වැඩ කරන්ට පටන් අරන්. භික්ෂූන් වහන්සේලා මොහුගේ පාපී කටයුතු ගැන මහත් සංවේගයෙන් සිටියා. මොහුව දැනුවත් කොට එයින් වැළැක්වීමේ අදහසින් මොහු වෙත ගොස් කරුණු කීවා.

"ඇවැත් දේවදත්ත, බලන්ට. ශාස්තෘන් වහන්සේ නිසා ඔහේට කොයිතරම් උපකාර ලැබුණාද? ඔහේට

පැවිදි වෙන්ට ලැබුණෙත් භාග්‍යවතුන් වහන්සේ නිසා ම නොවැ. උපසම්පදාව ලැබුණෙත් භාග්‍යවතුන් වහන්සේ නිසා ම නොවැ. නවාංග ශාස්තෘ ශාසනය ඉගෙන ගන්ට ලැබුණෙත්, ධ්‍යාන උපදවා ගන්ට ලැබුණෙත්, කොටින් ම සියලු ලාභ සත්කාර ලැබුණෙත් භාග්‍යවතුන් වහන්සේ නිසා ම නොවැ. එවන් උපකාර ලද උතුමෙකුට එරෙහි ව ඔහොම කටයුතු කරන එක හරි ද?"

එතකොට දේවදත්තගේ ඇස් රතු වුණා. ලොකු වුණා. සැණෙකින් පාත් වී වියළි තණපතක් අහුලාගෙන එය ඔසොවා මෙය කීවා. "එහෙනම් හොඳට බලා ගන්නවා... මේන්න මේ... තණපත තරම්වත් දෙයක්... ශ්‍රමණ ගෞතමයන්ගෙන් මං ගත්තේ නෑ. මේ හැම දෙයක් ම මං ලබාගත්තේ මගේ ම කැපවීමෙන්. මගේ ම උත්සාහයෙන්. හරිය...! දැන් තේරුණා නොවැ." කියා එතැනින් නැගිට ගියා.

එදා දම්සභා මණ්ඩපයේ රැස් වූ භික්ෂූන් වහන්සේලා අසත්පුරුෂ මිත්‍රද්‍රෝහීකමේ ඇති භයානකකම ගැන මහත් සංවේගයෙන් කතා කරමින් සිටියා. භාග්‍යවතුන් වහන්සේ වැඩම කළවිට භික්ෂූන් වහන්සේලා තමන් කතා කරමින් සිටි කරුණ භාග්‍යවතුන් වහන්සේට සැළකළා. භාග්‍යවතුන් වහන්සේ මෙය වදාළා.

"මහණෙනි, ඔය දේවදත්තගෙ හැටි. ඔහු පෙර ආත්මෙත් ඔහොම තමා. කෙළෙහිගුණ දන්නෙ නෑ. මිත්‍රද්‍රෝහියෙක්." යි පවසා මේ අතීත කතාව ගෙනහැර දක්වා වදාළා.

"මහණෙනි, ගොඩාක් ඈත අතීතයේ රජගහ නුවර මගධ මහාරාජ නමින් රජෙක් රාජ්‍ය විචාරමින් සිටියා. ඒ

කාලේ රජගහ නුවර සිටුතුමා තමන්ගේ පුත්‍රයාට වෙනත් ජනපදයකින් සිටුදියණියක් කැන්දන් ආවා. ඇයට දරු සම්පත් නෑ. ඈ වඳ එකියක් ය කියා චෝදනා ලබා සත්කාර සම්මාන නැතිව සිටියා. 'අනේ අපේ පුත්‍රයාගේ කරුමේ... වඳ ගෑණියක් ගෙදරක විසුවොත් ඒ පවුල් පරම්පරාවට කිසි දියුණුවක් නෑ.' කියන කතාව නිතරම ඇයට අහන්ට ලැබුණා. එතකොට ඈ මෙහෙම සිතුවා. 'හරි... ඒකට කමෙක් නෑ. ගැබිණියකගේ වෙස් අරගෙන මං මුන්දැලාව රවටන්ට ඕනෑ.' කියා සිතා තමා හිතවත් දරුවන් වැදූ ගැහැණියකගෙන් ගැබ්ගත් ස්ත්‍රියකගේ ලක්ෂණ අසා තමාත් ඒ විදිහට හැසිරෙන්ට සිතට ගත්තා.

ටික දවසකින් ඇට වමනෙ ගියා. ඇඹුල් කන්ට ආසා ඇතිවුණා. රහසේ ම මුගුරකින් පා තලා ඉදිමුවා ගත්තා. ටිකෙන් ටික කුස වටා වෙළුම් එතුණා. දැන් ඈට වෙහෙසයි. හෙමින් හෙමින් ඇවිදින්නේ. ඉණට අත්ගහනවා. හති දානවා. සිටුගෙදර උදවියත් දැන් ඈට ගොඩක් ආදරෙයි. ස්වාමියා ඈට ගැබ්පෙළහර දුන්නා. නව මාසයක් පරිස්සමට වාසය කළා. දැන් දරුවා බිහිවෙන කාලය ළං වුණා. දරුවා වැදීමට පියාගේ ගෙදර යන්ට ඕනෑ ම යි කියා නැදිමයිලන්ගෙන් හා සැමියාගෙන් අවසර ගෙන රථයට නැගී මහත් පිරිවර සමග රජගහ නුවරින් නික්මුණා.

ඇය යන මග ඉදිරියෙන් ගැල් කණ්ඩායමක් යනවා. ගැල නැවතී ගිය තැනට උදේ කෑම වෙලාවට මෙයාලත් යනවා. ඔය විදිහට ගමන යද්දී ඒ ගැලේ එක්තරා අසරණ ස්ත්‍රියකුත් ගියා. ඈත් ගැබ්බරයි. දිනක් ඈ රාත්‍රියක ගැල නවාතැන් ගත් තැන අසළ නුගරුක් සෙවණක සිඟිති පුතෙක් බිහිකළා. උදෑසනින් ගැල නැවතත් පිටත් වෙද්දී

'මට ගැල නැතුව යන්ට වෙන පිළිවෙළක් නෑ.' කියා දරුවා එතැන ම දමා ගැලේ නැගී පිටත් ව ගියා. කාත් කවුරුත් නැති ඒ දරු සිඟිත්තා විශේෂ කෙනෙක්. ඒ අපගේ මහබෝධිසත්වයෝ. දෙවියෝ දරුවා ව රැකගත්තා.

අනතුරුව එතැනට සිටුදියණිය ආවා. ඇයට සිරුරකිස කරන්ට ඕනෑ වී තම හිතවත් කිරිමව සමග නුගරුක අසළට ගියා. පුදුමයි! රන්වන් පාට ලස්සන සිඟිති පුතෙක් ගැබ්මල සහිතව අපවිත්‍රව වැතිරී ඉන්නවා. ඈ රහසේ ම කිරිඅම්මාට කතා කළා.

"කිරිඅම්මේ... මෙහෙ එන්ට. මේ බලන්ට. අපේ වැඬේ හරි ගියා. මට දරුවා ලැබුණා නොවැ." කියා කුසේ වෙළුම්පටි ඉවත් කොට දරුවා තමා ළඟට ගත්තා. ටික වේලාවකින් හැමෝම එතැනට ආවා. දරුවා නිරුපද්‍රිතව බිහිවීම ගැන හැමෝටම සතුටුයි. කිරිමවත් කිරි දෙන්ට පටන් ගත්තා. ඔවුන්ගේ සේවකයින් රජගහ නුවරට මේ සුභ අස්න රැගෙන ගියා.

සිටුදියණියගේ නැදිමයිලන්ට කියන්ට බැරි තරම් සතුටුයි. "ආයෙ පියාගේ ගෙදර මොට ද යන්නේ? දරුවාත් ඇන්න හනික එන්ට" කියා පයිංඩයක් යැව්වා. මෙතරම් ලස්සන හුරුබුහුටි සිඟිත්තෙක් ලැබීම ගැන ගොඩාක් සතුටු වූ ඔවුන් නම් තබන උත්සවයකුත් ගත්තා. නුගරුක් සෙවණේ දරුවා බිහි වූ නිසා නිග්‍රෝධ සිටුකුමාරයා යන නම ලැබුණා.

එදා ම සිටුතුමාගේ දියණියත් තම දරුවා වදන්ට පියාගේ නිවසට එන අතරමග මහා රුක් සෙවණේ සුවිසල් අත්තක් යට පුතෙක් බිහි කළා. ඒ නිසා ඒ සිඟිත්තාට සාඛ කුමාරයා යන නම ලැබුණා. එදා ම සිටු නිවසේ ඉදිකටු

සෑදීම ආදී වැඩ කරන සේවකයාගේ බිරිඳට සිය නිවසේ රෙදිවැරලි මත දරු සිඟිත්තෙක් ලැබුණා. ඒ දරුවාට පොත්තික යන නම ලැබුණා.

එතකොට මහසිටුතුමා "මගේ නිග්‍රෝධ කුමාරයා උපන් දවසේ ම නොවැ මේ දරු දෙන්නාත් උපන්නේ. අනේ එයාලත් මෙහේ ම නවත්තා ගනිමු. එතකොට දරු තුන්දෙනා ම එකට හැදෙනවා නොවැ." කියා සිටුමැදුරේ ම ඇතිදැඩි කළා.

කුමාරවරු දෙන්නත් සේවක දරුවත් නිසි වයසේදී ශිල්ප ඉගෙන ගන්ට තක්ෂිලාව බලා පිටත් වුණා. සිටු කුමාරවරු දෙන්නා දිසාපාමොක් ආචාරීන්ට කහවණු දහස බැගින් දුන්නා. නිග්‍රෝධ කුමාරයා පොත්තික ව තමා ළඟ ම තබාගෙන ශිල්ප ඉගැන්නුවා. තිදෙනා ම ඉගෙනීම් කටයුතු හොඳින් නිම කළා. දිසාපාමොක් ගුරු අවසරය ඇතිව රජගහ නුවර බලා එන්ට පිටත් වුණා. ඔවුන් ජනපද චාරිකාවේ යමින් අනුක්‍රමයෙන් බරණැසට පැමිණියා. එක්තරා රුක්සෙවණක හාන්සි වී සිටියා.

එදා බරණැස රජතුමා කළුරිය කොට දින හතයි. රජ්ජුරුවන්ට දරුවෝ නෑ. ඒ නිසා ඇමතිවරු රජකමට නිසි පින්වන්තයෙක් සොයාගන්ට කල්පනා කළා. නුවර බෙර හසුරුවා අසුන් බැඳි රාජරථය නිදහසේ පිටත් කළා.

ඒ අතරේ රුක්මුල නිදාහුන් පොත්තික තරුණයා උදෑසන නැගිට නිග්‍රෝධ කුමාරයාගේ පා පිරිමදිමින් සිටියා. ඔවුන්ට සෙවණ සැදූ රුකෙහි කුකුළන් දෙන්නෙක් ලැග සිටියා. උඩ අත්තේ සිටි කුකුළා වසුරු හෙළද්දී යට අත්තේ සිටි කුකුළාගේ ඇඟ මත වැටුණා. "ඒයි... කවුද

මයෙ ඇඟට බෙට් දැම්මේ?" කියා කෑගැසුවා. "අනේ ඕයි... තරහ ගන්ට එපා. මා අතින් නොදැනුවත් ව ඕක වුනේ."

"හෑ... නොදැනුවත් ව... අරේ... තෝ දන්නවැයි මා කවුදැයි කියා? මං තොගේ වැසිකිළි වළ ද? දැනගිය තමුන්නේ තරම."

"අරේ... කුකුළෝ... තොට මක් වුණැයි? මං කීවා නොවැ නොදැන වෙච්චි දෙයක් ය කියා. ඔතරම් කියන්ට දෙයක් තියේ ද? තොගේ තරම දැන හිටු."

"මයෙ තරම... බොල... කවුරුහරි මාව මරා කෑවොත් එයැයිට අද උදෑසන දහසක් කහවණු ලැබෙනවා. මොකෝ මට ඒක ආඩම්බරයට කරුණක් නොවෙයි ද?"

"බොල කුකුළෝ... ඔතරම් සුළු දේකට හිතට ගන්ට නාකයි. බලාපං. අද කවුරුහරි මා මරා මගේ ලොකු මස කෑවොත් එයා මේ උදෑසන ම රජ වෙනවා. මැදුම් මස කන කෙනා සෙන්පති වෙනවා. අට සහිත මස කන කෙනා භාණ්ඩාගාරික වෙනවා" කියා දෙන්නා ම නැවත නින්දට වැටුණා.

බිම සිටිය පොත්තික තරුණයා මේ කුකුළන්ගේ කතාව අසා හනික නිශ්ශබ්ද ව ගහට නැග්ගා. උඩු අත්තේ නිදාසිටි කුකුළාව අල්ලා ගත්තා. ඌව මරා අඟුරු මතින් පුළුස්සා ලොකු මස නිග්‍රෝධ කුමාරයාට දුන්නා. මධ්‍යම මස ශාඛ කුමාරයාට දුන්නා. ඇට සහිත මස තමා කෑවා. කා අවසන් වූ පසු පොත්තික මෙහෙම කීවා.

"සගය නිග්‍රෝධ, අද ඔයා මේ බරණැස රජ වෙනවා. සගය සාඛ, ඔයාට සෙන්පති පදවිය ලැබෙනවා. මට තමයි භාණ්ඩාගාරික තනතුර ලැබෙන්නේ."

"හෝ... එහෙම කියන්නෙ කොහොමෙයි?" කියා නිග්‍රෝධ ඇසූවිට පොත්තික කුකුළන් කතා වූ හැම දේ ම ඔවුන්ට කිව්වා. ඔවුන් උදේ කාලෙ ම බරණැසට ආවා. එක්තරා බමුණු ගෙදරකින් ගිතෙල් සහ හකුරු මිශ්‍ර කිරිබතක් වළඳන්ට ලැබුණා. ඊට පස්සේ නගරයෙන් නික්ම රාජ උයනට පිවිසියා. එහි ගල් තලාවෙහි නිග්‍රෝධ කුමරු නිදාගත්තා. අනිත් දෙන්නා පිට තණබිම මත නිදාගත්තා.

ඒ කාලෙමයි මියගිය රජ්ජුරුවන්ගේ පංච කකුධ භාණ්ඩ ඇතුළේ තැබූ රාජරථය නිදහසේ පිටත් කොට තිබුණේ. ඉතින් ඒ රාජරථය උයනට ඇවිත් නැවතුණා. රාජකුමාරයෙන් රථයට නග්ගවා ගන්ට සූදානමින් වගෙයි රථය නැවතුණේ. පුරෝහිත බ්‍රාහ්මණයා ඒ පින්වතා කවුරුදැයි සොයමින් උයනට පිවිසියා. ගල් තලාව මත නිදා සිටින තැනැත්තාගේ පා වසා සිටි සළුව මෑත් කොට යටි පතුල් දෙස බැලුවා.

'හෝ... මහා පින්වතෙක් නොවැ. බරණැස් රාජ්‍යය විතරක් නොවෙයි මුළු මහත් දඹදිවට ම අගරජ වෙන්ට තරම් පින් ලකුණු පිහිටා තියෙනවා.' කියා සක් පිඹ හේවිසි නාද කළා. නිග්‍රෝධ කුමාරයා අවදි වුණා. සළුව මෑත් කොට හිස ඔසවා බලා නැවතත් නිදාගත්තා. ශබ්දය නොනවතින නිසා නැගිට ගල් තලාව මත පලක් බැඳ හිඳගත්තා.

පුරෝහිත පැමිණ දණ නමා වැඳ "දේවයන් වහන්ස, නුඹවහන්සේට බරණැස රාජ්‍යය ලැබුණේය."

"එහෙමද?" යි කී විට එහිදී ම සප්ත රත්නයන් තබා නිග්‍රෝධ කුමාරයාව රාජ්‍යයෙහි අභිෂේක කළා. රජකමට පත් නිග්‍රෝධ කුමරු සාඛ කුමරුට සෙන්පතිකම දුන්නා.

පොත්තිකත් ඔවුන් සමග ගියා. එතැන් පටන් නිග්‍රෝධ රජු දැහැමෙන් සෙමෙන් බරණැස් රාජ්‍යය විචාළා.

එක් දවසක් නිග්‍රෝධ රජුට තම දෙමාපියන් මතක් වුණා. ඔහු සාඛ සේනාපති කැඳවා මෙහෙම කීවා. "සගය සාඛ, මට මාපියන්ගෙන් වෙන්ව විසීම දුෂ්කරයි. ඔබ ගොහින් මහත් උත්සවාකාරයෙන් මගේ මාපියන්ව කැඳවාගෙන එන්ට."

එතකොට ඔහු "මට දැන් රජගහ නුවර ගමන් බිමන් යන්ට බෑ" කියා ඒ අදහස ප්‍රතික්ෂේප කළා. ඊට පස්සේ පොත්තික ඇමතුවා. "සගය, තොපවත් ගොහින් මගේ මාපියන් කැඳවාගෙන එන්ට." එතකොට ඔහු රජගහ නුවර ගියා. ගොහින් නිග්‍රෝධ රජුගේ මාපියන් මුණගැසුණා. පුත්‍රයාට රජකම ලද නිසා බරණැස යමු කියා යෝජනා කළා. "අනේ දරුව, අපට මෙහේ තියෙන සැප සම්පත් ඇති. අපි මෙහෙට වෙලා ඉන්නම්. අපේ පුතාට හොඳින් රජකම කරගෙන යන්ට කියන්ට" කියා ඔවුන් බරණැසට එන්ට අකැමති බව කීවා. සාඛ සේනාපතිගේ මාපියනුත් බරණැස් යන්ට කැමති වුනේ නෑ. තමන්ගේ මාපියනුත් පරණ විදිහට ජීවත් වීම හොඳ ය කියා නැවතුණා.

පොත්තිකගේ ගමන සාර්ථක වුනේ නෑ. ඉතින් ඔහු බරණැසට හැරී ආවා. ගමන් වෙහෙස නිසා කෙලින් ම රාජමාලිගාවට නොගොස් වෙහෙස නිවාගන්ට සේනාපති නිවසට ගියොත් හොඳය කියා සිතුවා. ඔහු සාඛ සෙන්පති නිවසට ගිහින් 'සාඛ සෙන්පතිගේ මිත්‍ර පොත්තික ආවා කියා කියන්ට' යි දොරටුවේ සේවකයාට දැනුම් දුන්නා. සාඛට මෙය දැනුම් දුන් ගමන් නයෙක් වගේ කිපුණා. 'මේකා තමයි මේ විනාශය කළේ. මට රාජ්‍යය

නොදී නිග්‍රෝධට දුන්නා. මූව තියන්ට වටින්නෑ' කියා කෝපයෙන් එතැනට අවුත් "ඕ... කවුද මේකා? පිස්සෙක් නොවැ. මේකා දාසීපුත්‍රයෙක්. මේකාට හොඳ හැටි තලා බෙල්ලෙන් අල්ලා එළියට දමාපං" කියා කෝපයෙන් ගිගිරුවා. එතකොට සේවකයෝ පොත්තික අල්ලාගෙන අතපයට පහර දී බෙල්ලෙන් අල්ලා එළියට දැම්මා.

ඔහු දුකසේ දිවි ගලවාගෙන යමින් ගමන මෙහෙම හිතුවා. 'මේ සාඛ මා නිසයි සෙන්පති පදවි ලැබුවේ. මොහුට කෙළෙහිගුණ නෑ. මිත්‍රද්‍රෝහියෙක්. මට ම පහර දී එළවා ගත්තා. නිග්‍රෝධ නුවණැතියෙක් නොවැ. ඔහු කෙළෙහිගුණ දන්නවා. සත්පුරුෂයෙක්. ඔහු ළඟට යන්ට ඕනෑ' කියා රාජද්වාරය වෙත ගොහින් රජ්ජුරුවන්ගේ මිත්‍ර පොත්තික ඇවිත් ඉන්නවා කියා පණිවිඩය යැව්වා. නිග්‍රෝධ රජු ඔහු කැඳවා ඔහු එන විට හුනස්නෙන් නැගිට්ටා. පෙර ගමන් ගොහින් පිළිසඳර දොඩා බොහෝ ඇප උපස්ථාන කෙරෙව්වා. පොත්තිකත් මාපියන් එන්ට බැරි බව කී වග සැළකොට සිටියා.

සාඛ සෙන්පති සිතුවේ පොත්තික රජු වෙත ගොහින් ඔහු බිඳවීමට කටයුතු කරාවි ය කියලයි. තමන් ඉදිරියේ කිසිවක් කරගන්ට බැරිවේ ය සිතා ඔහු හනිකට එතැනට ගියා. පොත්තික ඔහු ආ විට ඔහු ඉදිරියේ සිට මෙහෙම කිව්වා.

"දේවයන් වහන්ස, මං හරි ගමන් වෙහෙසකින් උන්නේ. ඉතින් ටිකාක් වෙහෙස නිවාගන්ට ඕනෑ ය කියා සිතා මේ සාඛ සෙන්පතිගේ නිවසට ගියා. එතකොට මොහු ඇවිත් මාව හඳුන්නන්නේ නැත, මං පිස්සෙක් ය, දාසපුත්‍රයෙක් ය කියා සේවකයන් ලවා මට හොඳට ම තලා පෙලා බෙල්ලෙන් ඇද එළියට තල්ලු කළා. මා මේ

කියන්නේ ඇත්තක් බව තොප පිළිගන්නවා නේද?" කියා සාබගෙන් අසමින් මේ ගාථා තුන පැවසුවා.

1. මේ මොකෙක්ද මේකා කවුද -
 මෙවැනි අයෙක් නෑ මා අඳුනන්නේ
 සාබ සෙන්පති මෙහෙමයි මට කීවේ
 නිග්‍රෝධ රජුනි තොපත් මා ගැන -
 මොන අයුරින් ද සිතන්නේ?

2. සාබගේ වදන් අසා එහි සේවකයෝ මා වට කෙරුවා
 මට හොඳටම තලා පෙළා -
 මගේ මුහුණටත් හොඳටම ගැසුවා
 බෙල්ලෙන් ඇද එළියට දැම්මා

3. මා ගැන මොහු හිතුවේ නරකට -
 කෙළෙහිගුණය නොදැනෙයි මොහුට
 මොහු මිත්‍රද්‍රෝහියෙක් වෙලා -
 ඉතා පහත් දෙයකි කළේ මා හට
 මේ සාබ ඔබේ මිතුරා නේද පින්වත් රජුනේ?

මෙය අසා නිග්‍රෝධ රජු මහත් සංවේගයට පත්වුණා. මේ ගාථා හතර පවසමින් පිළිතුරු දුන්නා.

4. අනේ මගේ මිතුර පොත්තික -
 මේ ගැන මා කිසිවක් දැන සිටියේ නෑ
 ඒ වගේම වෙන කිසිවෙක් මාහට මෙය කීවෙත් නෑ
 මේ සාබ විසින් තොපට පහර දුන්නු වගක්
 තොප කියනාතුරු මා නම් දැන සිටියේ නෑ

5. සිය මිතුරන් හට යහපත උපදවා දෙන
 සැබෑ ම මිතුරෙකි මා හට තොප නම් පොත්තික
 මටත් සාබටත් සෙත සලසා දුන්නෙ තොප ම ය

මිනිසුන් අතරත ලබනා මහා ඉසුරු බව
තොප ම ය අප හට සලසා දුන්නේ
මේ සා මහත් ඉර්ධියක් අප හට ලැබුණේ
තොප නිසා ම තමයි පොත්තික
මට නම් ඒ ගැන කිසි සැකයක් නැත්තේ

6. සරුසාර බීජයක් ගින්නට දැමුවොතින් නම්
ගින්න තුළින් නෑ එය කිසිදා පැළ වෙන්නේ
අසත්පුරුෂයෙකු හට කරනා හොඳත් එසේ ම යි
හොඳ කරපු කෙනා හට නෑ යහපත සලසන්නේ

7. කළගුණ දන්නා සිල්වත් සත්පුරුෂයෙකුට
යම් අයෙක් කළෝතින් උපකාරයක් ඔහු හට
සරුසාර කෙතේ වපුළ සාර බීජය ලෙසට
ලැබ දේ ම යි සෙත යහපත කළ කෙනා හට

නිග්‍රෝධ රජු මෙපමණ දේ කියද්දීත් සාඛ සෙන්පති එහෝම හිටගෙන හිටියා. රජ්ජුරුවෝ මෙහෙම ඇසුවා. "සාඛ, මේ පොත්තික කියන්නේ කවුද කියා තොප හඳුනනවාද?" එතකොට ඔහු නිහඬව බිම බලාගත්තා. රජ්ජුරුවෝ ඔහුට දඬුවම් පමුණුවමින් මේ ගාථාව පැවසුවා.

8. මොහු නම් ළාමක තක්කඩි අසත්පුරුෂයෙක්
එම්බා වධකයෙනි මොහුව අල්ලාගෙන යව්
මොහු මත සැත් පහර හෙළා දිවි තොර කරලව්
මං දැන් මොහු ජීවත් වෙනවාට අකැමතියි

එතකොට පෙරට ආ පොත්තික රජුට වැඳ මේ ගාථාව කිව්වා.

9. අනේ මගේ දේවයනේ
මේ අසත්පුරුෂ බාලයාට සමාව දෙනු මැනේ

මැරුණ කෙනෙකුගේ ප්‍රාණය යළි ගන්නට බැනේ
සමාව දෙනු මැන මොහු වෙත පාමින් සිත සෙනේ
මොහුගේ වැනසීම දකින සිතක් අපිට නැනේ

පොත්තිකගේ වචනයට රජ්ජුරුවෝ කන් දුන්නා. ඔහුව දඬුවමෙන් නිදහස් කළා. සෙන්පති පදවිය පොත්තිකට දෙන්ට සූදානම් වූ නමුත් ඔහු එය ගන්ට කැමති වුණේ නෑ. එතකොට රජතුමා 'සියලු සේනාවන් ගැන සොයා බලන භාණ්ඩාගාරික' නමින් අලුත් පදවියක් පොත්තිකට පිරිනැමුවා. ඊට කලින් දඹදිව එබඳු තනතුරක් තිබුණේ නෑ. එදායින් පස්සේ තමයි ඒ තනතුර ඇතිවුණේ. පොත්තික භාණ්ඩාගාරික අඹුදරුවන් හදාගෙන දියුණු වුණා. දරුවන්ට අවවාද වශයෙන් ඔහු මේ ගාථාවන් කියා දුන්නා.

10. මයෙ දරුවනි තොප ඇසුරු කරන්නට ඕනෑ
නිග්‍රෝධ රජු වගේ සත්පුරුෂ උත්තමයන්වයි
සාඛ වගේ අය නම් ළං කරගන්ට එපා
සාඛ වැනි අයෙකු ඇසුරේ ජීවත් වෙනවාට වඩා
නිග්‍රෝධ රජු වැනි අය වෙනුවෙන්
මැරුණත් එය උතුම් දෙයක් ම යි

මෙය වදාළ භාග්‍යවතුන් වහන්සේ "මහණෙනි, ඒ කාලෙත් දේවදත්ත කෙළෙහිගුණ අඳුනන්නේ නෑ." කියා වදාළා. "මහණෙනි, එදා අකෘතඥව කටයුතු කළ සාඛ සෙන්පති ව සිටියේ දේවදත්ත. පොත්තික ව සිටියේ අපගේ ආනන්දයෝ. නිග්‍රෝධ රජු ව සිටියේ මම ය" කියා මේ ජාතකය නිමවා වදාළා.

08. තක්කල ජාතකය

හිඟුරල හාරන්ට ගිය පියා ගැන කතාව

පින්වතුනේ, පින්වත් දරුවනේ,

මෙය හරි අපූරු කතාවක්. ඇතැම් මාපියන් තමන්ගේ පහසුවත් දරුවන්ගේ පහසුවත් සලකා සිය දරුවන්ගේ නිසි කල වයස ගෙවී යන්ට කලින් ආවාහ විවාහ ආදිය කරදෙනවා. එතකොට ඒ හේතුවෙන් නිවසට අලුතින් පුතුන් හෝ දියණිවරුන් බෑණලා ලේලිලා වශයෙන් සම්බන්ධ වෙනවා. නමුත් ටික දවසකින් මාපියන්ට දුක් ගැහැට විඳින්ට සිදුවන්නේ ඒ බෑණලා ලේලිලාගෙන් ම යි. තාත්තෙක් සිය පුතුට දියණියක් කැන්දන් ආවා. අලුත් ලේලි හොඳින් සිටියේ ටික දවසයි. පස්සේ ඒ තාත්තාව ගෙදරින් පන්නා දමන්ට කටයුතු කළා. පුතා ඇගේ ගැටයට හසුවුණේ නෑ. ප්‍රශ්නය ගොඩින් ම බේරාගත්තා. ඒ ගැනයි මේ කතාව.

ඒ දිනවල අපගේ භාග්‍යවතුන් වහන්සේ වැඩවාසය කොට වදාළේ සැවැත් නුවර ජේතවනයේ. සැවැත් නුවර එක්තරා දිළිඳු පවුලක් වාසය කළා. කලක් යද්දී ඒ ගෙදර අම්මා මිය ගියා. තාත්තයි පුතයි පමණක් ඉතිරි වුණා. ඉතින් ඒ පුතා වයසක තාත්තාගේ සියලු උපස්ථාන කටයුතු කරනවා. කුමක් හෝ කුලී වැඩක් සොයා යන්නේ ඊට පස්සේ. තමා මහන්සි වී ගෙන එන මුදලින් ගෙදර

කටයුතු පිරිමසා ගන්නවා. පුතාගේ මේ කැපවීම ගැන තාත්තාට ගොඩක් දුකයි. දවසක් තාත්තා මෙහෙම කීවා.

"අනේ මයෙ පුතේ, මේ ගෙදර යම්තාක් කටයුතු ඇද්ද, ගෙයින් පිටත කටයුතු ඇද්ද, ඒ හැම දෙයක් ම ඔයා තනියම කරනවා නොවැ. ඉතින් පුතේ මං කල්පනා කළේ මේ ගෙදරට ගෑණු දැරියක් කැන්දන් ආවොත් ඈ ගෙදර වැඩ බලාගනීවි කියලයි."

"එහෙම කියන්ට බෑ තාත්තා. ගෑණු කියන්නේ මහ අමතු අයට නොවැ. උන්දැලා ගෙදර ආ අලුත නම් යස අගේට ඉඳීවි. පස්සෙ තමයි අවුල් වෙන්නේ. මං හිතන්නෑ ගෑණියක් ඈන්න ආවොත් තාත්තාටවත් මටවත් සිතේ සැලසිල්ලේ ඉන්ට ඇහැක් වේ ය කියා. ඒ නිසා තාත්තා... ඔයා ඒ ගැන හිතන්ට ඕනෑ නෑ. සෑම දෙයක් ම මං සතුටින් කරනවා නේ. අනාගතය ගැන එන විදිහට මූණ දෙන්නම්."

තරුණයා මෙසේ කියද්දීත්, කසාදයකට අකැමතිව සිටිද්දීත් තාත්තා තමන් දන්නා හඳුනන තැනකින් ගෑණු දැරිවියක් කැන්දන් ආවා. කීවා වගේ ම ඈ මුලදී හොඳට හිටියා. තාත්තටත් ආදරෙයි. සැමියාගේ කටයුතුත් සොයා බැලුවා. මේ දැරිවී හොඳ කෙනෙක් ය කියා සැමියාත් පැහැදුණා. ඒ නිසා ඔහු තමන් අතට ලැබුණු පඩියත්, ගන්නා කෑම බීමත්, අනිත් බඩු මුට්ටුත් සියල්ල ම ගෙනැවිත් ඇගේ අතට දෙනවා. ඇයට වැටහුණේ වැරදියට. ඈ හිතුවේ දැන් පුතාට තාත්තා එපා වෙලා කියලයි.

'ඕහ්... හරි... දැන් අපේ එක්කෙනාට මේ නාකියාගේ කරදරය තේරිලා වගේ. මටත් මොන වධයක් ද?

කොහෝමහරි නාකියාව ගෙදරින් පිටමං කරගන්ට ඕනෑ' කියා සිතුවා. එසේ සිතා අර තාත්තාට කේන්ති යන විදිහට ම වැඩ කරනවා. උණු වතුර ඉල්ලුවා ම සීතල වතුර දෙනවා. සීතල වතුර ඉල්ලුවා ම උණු වතුර දෙනවා. බත් ව්‍යංජන්වලට ලුණු වැඩි කොට දෙනවා. ලුණු මිරිස් නැතුව දෙනවා. එතකොට තාත්තාට කේන්ති යනවා. තාත්තාගේ මුවින් වචනයක් පිට වූ ගමන් ලේලි කඩා පනිනවා.

"හප්පේ... දෙයියනේ... මට මැරෙන්ට ද කියන්නේ? උදේ ඉඳන් නින්දට යනකම් ම මේ නාකි උන්දැට සලකනවා සලකනවා ඉවරයක් නෑ. ඇයි දෙයියනේ... මං වැනි අහිංසක ගෑණියකට මෙතරම් වධ දෙන්නේ? කියා කෑගසනවා. තැන් තැන්වල කාරලා කෙළ ගහනවා. තාත්තාගේ වැඩ හැටියට සැමියාට පෙන්නනවා.

"අනේ ස්වාමී, බලන්ට, ඔයැයිගෙ තාත්තා මට පන්න පන්නා හිරිහැර කරනවා. මං සෑම දෙයක් ම සොයා බලා කරද්දී ඇයි මෙහෙම කරන්නේ? මෙහෙම කරන්ට එපා කියා ආදරෙන් කියද්දී තරහ ගන්නවා. ඔයා වැඩට ගියා ම මං ඉන්නේ අපායක. මට නම් තවදුරටත් ඉවසන්ට බෑ. එක්කෝ මේ ගෙදර තාත්තාව තියාගන්ට. නැත්නම් තාත්තා යවා මාව තියාගන්ට."

"සොඳුරී... මට ඔයාගේ දුක තේරෙනවා. නමුත් මයෙ තාත්තා මහලුයි. එයා අතින් සුළු සුළු අඩුපාඩු වෙන්ට ඉඩ තියෙනවා. ඒවා ඉවසන්ට අමාරු නම් ඔයා ගොහින් ඔයාගේ ගෙදර නවතින්ට. මං කලින් වාගෙම තාත්තාව බලාකියා ගන්නම්. මට ඒක බැරිකොමක් නෑ. අනික මං ඒකට කැමතියි."

එතකොට ගෑණී භය වුණා. මං ආයෙ කවදාවත් එහෙම වෙනස්කමක් කරන්නෙ නැත කියා මාමණ්ඩියට

වැඳ සමාව ගත්තා. එදායින් පස්සේ ගෑණි යහපත් වුණා. හොඳින් උවටැන් කරමින් ගෙදර දොරේ වැඩත් බලාකියාගෙන සතුටින් සිටියා.

මේ පටලැවිල්ල නිසා තරුණයාට ජේතවනයට ගොහින් බණ අහන එකත් මගහැරුණා. නැවත සමගි වුණ නිසා ඔහු බණ අහන්ට ඕනෑ ය කියා දෙව්රමට ගොසින් භාග්‍යවතුන් වහන්සේට වන්දනා කොට එකත්පස්ව වාඩිවුණා. භාග්‍යවතුන් වහන්සේ ඔහුගෙන් මෙසේ අසා වදාළා.

"උපාසක, දැන් හත් අට දවසකින් දකින්ට ලැබුණේ නෑ. මුකුත් කරදරයක්වත් වුණාද?"

"එහෙමයි භාග්‍යවතුන් වහන්ස, මේ මේ කරදර වුණා. දැන් නම් කවුරුත් හොඳින් ඉන්නවා."

"ඒක හොඳා උපාසක. මේ ආත්මේ ඇගේ වචනය අසා තම පියාව ගෙදරින් පන්නා නොගත්ත එක හොඳා. නමුත් මීට පෙර ආත්මෙක ඔය ස්ත්‍රියගේ බස් පිළිගෙන තොප තමන්ගේ පියාව අමුසොහොනට ගිහින් වළකට දැම්මා නොවැ. ඔහු ඒ වළේ මරණාසන්නව සිටියේ. සත් හැවිරිදි පුත්‍රයෙක් ව සිටි මම යි මාපියන්ගේ ගුණ කියා තොපව පීතෲඝාතක ආනන්තරිය පාප කර්මයෙන් බේරාගත්තේ. එදා තොප මගේ වචනය පිළිගත්තා. තාත්තව උඩට ගෙන ගෙදර රැගෙන ගොහින් දිවි ඇතිතෙක් ආදරයෙන් උවටැන් කළා.

එදා මං දුන්න අවවාද භවාන්තර ගණනක් ගෙවීගෙ ාස් තිබියදීත් තොප සිතින් බැහැර වී නෑ. ඒ නිසයි අද ඇගේ කතාව නොපිළිගෙන පියාව බැහැර නොකළේ."

එතකොට ඔහු ඒ අතීත සිදුවීම කියා දෙන්ට කියා භාග්‍යවතුන් වහන්සේගෙන් ඉල්ලා සිටියා. යටගියාවට සැඟවී ගිය මේ කතාව එවේලෙහි භාග්‍යවතුන් වහන්සේ හෙළිකොට වදාළා.

ගොඩාක් ඉස්සර ඈත අතීතයේ බරණැස් පුරේ බ්‍රහ්මදත්ත නම් රජකෙනෙක් රාජ්‍ය විචාරමින් සිටියා. ඔය කාලේ කාශී ගමෙහි එක්තරා අම්මෙකුයි තාත්තෙකුයි වාසිට්ඨක නම් පුතෙකුයි වාසය කළා. කල් යාමේදී මව් මිය ගියා. තාත්තයි පුතයි ගෙදර තනි වුණා. පුතා තමයි තාත්තට ඇප උපස්ථාන කරමින් රැකියා කටයුතු කරමින් සෑම දෙයක් ම සොයා බැලුවේ. පුතාගේ මේ වෙහෙස ගැන තාත්තාට දුකයි. ඉතින් තාත්තා පුතා අකැමති ව සිටියදී කෙල්ලක් කැන්දන් ඇවිත් පුතුට කරකාර බන්දා දුන්නා.

ටික දවසයි ලේලි පියාට සැලකුවේ. ටිකෙන් ටික ඈ වෙනස් වුණා. දැන් ඈට ඕනෑකම තියෙන්නේ තාත්තාව ගෙදරින් පිටමං කරගන්ටයි. ඈ පියාට නොයෙක් අයුරින් හිරිහැර කළා. දිනක් ඈ සැමියාට මේ ගැන පැමිණිලි කළා.

"අනේ ස්වාමී බලන්ට. මං කොතෙකුත් මහන්සි ගන්නවා තාත්තාට ආදරෙන් සලකා ඇප උපස්ථාන කරන්ට. මේ ගේ හැම තැන ම එයැයි ජරා කරනවා. එපා කීවා ම හරියට බණිනවා. නපුරු ම නපුරු තාත්තෙක්. ලෙඩ දුකින් ඉඳගෙනත් නපුරුකම් අඩුවක් නෑ. අනික මෙයා වැඩිකලක් ඉන්න කෙනෙකුත් නොවේ. මැරිලා යාවි. මං කොහොමද දෙයියනේ එතෙක් ඉවසන්නේ. මේ නපුරු නාකියත් එක්ක මං කොහොමෙයි එක වහළක්

යට ඉන්නේ. කොහොමත් ටික දොහකින් වළපල්ලට යන මෙයාව අමු සොහොනට ගෙනිහින් වළක් කපාලා ඒකට දමාලා උදැල්ලෙන් හිස පොඩි වෙන්ට දෙකක් දීලා පස්වලින් වසා එන්ට."

ඈ නිතර නිතර සැමියාට යෝජනා කළේ මේකමයි. "අනේ මං කොහොමෙයි සොඳුර, මනුස්සයෙක් මරන්නේ. ඒක මහා බරපතල දෙයක් නොවැ."

"ආ... ඕක මොකක්ද? මං හොඳ උපායක් කියන්නම් ස්වාමී. ඒක මෙහෙම කරන්ට. පාන්දර ජාමේ තාත්තා නිදියන තැනට ගොසින් කෑගසා කියන්ට අසවල් ගමේ ණයකාරයෙක් මං එහේ ගියාම කෑගහනවා ණය දෙන්ට කියා. මං කීවා තාත්තා එක්කරගෙන එන්නම්, එතකොට බේරුමක් කරගන්ට ඇහැකි කියා.' එතකොට ඔය නාකියා කැමති වේවි. ඊට පස්සේ අමුසොහොනට ගොහින් මා කියපු එක කරලා පස් දමා වසා වතුර නාගෙන එන්ට."

වාසිට්ඨක පුත්‍රයා සිය බිරිඳගේ උපායට රැවටුණා. මොවුන්ටත් සත් හැවිරිදි පුත්‍රයෙක් ඉන්නවා. ඔහු මහනුවණැති සත්පුරුෂ දරුවෙක්. මේ දරුවා දෙමව්-පියන්ගේ කතාවට සවන් දීගෙන සිටියා. 'අයියෝ... අපේ අම්මා හරි පව්කාරියක්. තාත්තා ලවා භයානක පවක් රැස්කරන්ට පොළඹවනවා. මං කොහොමහරි මේ විපතින් සීයාව බේරගන්ට ඕනෑ' කියා දැඩිව සිතට ගත්තා.

එදා රෑ මේ පුත්‍රයා සීයා ළඟ ම නිදාගත්තා. පාන්දරින් ම පිටත් වෙන්ට කරත්තයක් සූදානම් කොට තිබුණා. "තාත්තේ, අපි යං. ගොහින් ණයකාරයාගේ කටයුතු ඉවරයක් කරමු." කියා පියාව ඔසොවාගෙන ගොස් කරත්තේ වැඩි කෙරෙව්වා. පුත්‍රයාත් දුවගෙන

ගිහින් රහසේ ම කරත්තෙට ගොඩ වුණා. පුතුගේ ගමන වළක්වන්ට කොතරම් මහන්සි ගත්තත් බැරිවුණා.

ඔවුන් කෙලින් ම ගියේ අමුසොහොනට. ගස්කොළන් වැවී ආවරණය වූ තැනක කරත්තය නවත්වා කාටවත් නොපෙනෙන තැනක වළක් කනින්ට පටන් ගත්තා. එතකොට කුඩා පුතු එතැනට ඇවිත් කිසිවක් නොදන්නා අයෙකු සේ කතා කරමින් මේ පළමු ගාථාව කිව්වා.

1. ඇයි ද තාත්තේ ඔයා තනියම මේ මහවනේ
අමුසොහොනට ඇවිත් අල සොයමින් හාරනවා වගේ
කෝ තාමත් හිගුරලවත් වල් අලවත් නැනෙ හමුවුණේ
කටුඅලවත් තල්අලවත් නැනෙ හමුවුණේ
ඇත්තටම තාත්තේ මොනවද සාරමින් සොයන්නේ

එතකොට පියා මේ ගාථාවෙන් පුතාට පිළිතුරු දුන්නා.

2. පුතේ ඔයාගෙ සීයා දැන් හොඳටම දුබලයි
හැම තිස්සෙම ලෙඩා දුකා හොඳටම බැරි ගානයි
මේ වළ මං හාරන්නේ උන්දෑ මෙහි ම දමන්නයි
උන්දෑ ජීවත් වෙන එක මට රුස්සන්නෑ ම යි

කියමින් තාත්තා දිගටම වළ හාරන කටයුත්ත කරගෙන ගියා. ඊට පස්සේ අසරණ මහලු පියා ගෙනැවිත් වළට දැම්මා. එතකොට පුතා මේ කරුණ අර්ධ ගාථාවකින් කිව්වා.

ඔයාගෙ තාත්තව දුකෙන් මුදවගන්ට ඕනෙ කියා නේ
මේ මරණ දුකට එයාව පත්කරන්ට යන්නේ
මහ බිහිසුණු අකුසලයක් කරගන්ටයි යන්නේ
ඒ ගැන සිතුවත් ඔයාට පව් ම යි රුස්වෙන්නේ

මෙහෙම කියා පුතා එක්වර ම තාත්තාගේ අතින් උදැල්ල උදුරා ගත්තා. ඊට පස්සේ නුදුරින් ඇති වෙනත් තැනක වළක් සාරන්ට පටන් ගත්තා. එතකොට තාත්තා එතැනට ඇවිත් 'ඇයි ළමයෝ ඔයා ඔතන වළක් හාරන්ට පටන් ගත්තේ?' කියා ඇසුවා. එතකොට පුතා මේ ගාථාව පැවසුවා.

3. මං තාත්තෙ ඔයත් මහලු වී බැරි වූ කල
ඔයා කරපු ලෙසට තවත් වළක් කපා තබනවා
ඔයාව මේ වළට දමා මං ඔයාව මරනවා
බිරිඳගෙ බස ඇසූ සිරිත දිගටම රැකගන්නවා

"තාත්තේ... මේ අහන්ට. දැන් ඔයාගේ බිරිඳගේ වචනය නිසයි තමන්ගේ පියාව මරන්ට හදන්නේ. හැබැයි මාත් ලොකු වුණහම මගේ බිරිඳගේ වචනය අසා ඔයාව මේ විදිහට ම මරනවා ම යි." කියා සැරට කීවා. තාත්තාගේ දැස් උඩ ගියා. බියට පත් තාත්තා මේ ගාථාව පැවසුවා.

4. ඇයි ද පුතේ ඔයා මෙවැනි නපුරු වදන් මට කියන්නෙ
ඔය විදිහට කතා කීම හරි ය කියාලද සිතන්නෙ
මගේ ලෙයින් උපන් පුතා නොවේ ද මේවා කියන්නෙ
නැද්ද උඹට මා ගැන කිසි අනුකම්පාවක් හිතෙන්නෙ

තාත්තාට දැන් කරුණු තේරුම් කොට දෙන්ට පුළුවන් බව පුතාට වැටහුණා. නුවණැති පුතා දහම් දෙසමින් මේ ගාථාවන් පැවසුවා.

5. තාත්තෙ මං අනුකම්පා නැති දරුවෙක් නොවෙයි
ඔයා කෙරෙහි අනුකම්පා තිබෙනවමයි මයෙ හිතේ
ඔයා අතින් කෙරෙන්ට යන මේ බිහිසුණු පව සිතේ
එයින් වළක්වන්ටයි මේ හැම දෙයක් ම මං කළේ

6. යම් දරුවෙක් අම්මට හෝ පියාට අහිතක් කොට
ඔහුගේ දිවි වනසයි නම් හිංසා පීඩා කොට
ඒ දරුවා මිනිස් දිවිය හැර පරලොව ගිය විට
සැකයක් නෑ ඔහු කෙලින් ම යනවා ම යි නිරයට

7. යම් දරුවෙක් අම්මට හෝ පියාට ආදර කොට
කෑම බීම ඉඳුම් හිටුම් දී උවටැන් කළ විට
ඒ දරුවා මිනිස් දිවිය හැර පරලොව ගිය විට
සැකයක් නෑ ඔහු යනවා සැප ඇති සුගතියකට

පුතාගේ දහම් කතාව ඇසූ පියාට සිහි උපන්නා. මේ විපත සිදුවෙන්ට ගියේ බිරිඳගේ වචනය පිළිගැනීම නිසා බව වැටහුණා. තම වැරැද්ද පිළිගනිමින් ඔහු මේ ගාථාව පවසා සිටියා.

8. අනේ මයෙ පුතේ ඔයා -
අනුකම්පා නැති කෙනෙක් නොවේ
තාත්ත ගැන අනුකම්පා තියෙනවමයි ඔය හිතේ
අම්මාගේ නපුරු වචනයට රැවටී මං පුතේ
තව පොඩ්ඩෙන් මහ බිහිසුණු -
පවක් මගෙන් වෙනු ඇතේ

එතකොට පුතා තාත්තාට අවවාද වශයෙන් මෙසේ කීවා. "තාත්තා... ස්ත්‍රීන් කියන්නේ උපදිනකොට ම දොස් සහිත අය නොවැ. ඇයට තරවටු නොකළොත් නැවත නැවතත් පව් කරනවා. මගේ අම්මා නැවත මෙවැනි දෙයක් නොකරන්ට ඇයව නිවසින් බැහැර දමන්ට වටිනවා කියා මේ නවවැනි ගාථාව කිව්වා.

9. තාත්තෙ ඔයාගෙ බිරිඳ නම් හරිම භයානකයි
මෙලොවට මා බිහිකළ ඇය මගෙ අම්මා නම් තමයි

ගෙදර සිටියොතින් දිගටම කරදර ඇතිවෙන හැඩයි
ඈ නිසා ම ඔයාට නම් තව තව දුක උරුම වෙයි

වාසිට්ඨකට ලොකු සතුටක් ඇතිවුණා. මහා බරපතල අකුසලයකින් තමා බේරුණේ පුතාගේ අවවාද නිසා කියා හොඳටම වැටහුණා. පියාව වළෙන් ගොඩට ගත්තා. නැවත කරත්තේ නංවා ගත්තා. දැන් පුතා තාත්තයි සීයයි එක්ක නිවසට ආවා.

එතකොට අර ස්ත්‍රිය 'හප්පේ... යාන්තම් ඇති අර කාලකණ්ණි නාකියාගෙන් නිදහස් වුණා' කියා පාන්දරින් ම ගෙයි ගොම ගා කිරිබත් උයා තාත්තයි පුතයි එනතුරු මග බලා සිටියා. කරත්තේ ඇවිත් ආයෙමත් සීයව කරත්තෙන් බැස්සුවා. වත්තන් කරගෙන ගෙට එනවා දැක්ක ස්ත්‍රියට හොඳටම කේන්ති ගියා.

"ඕං... ඕන්න වදේ වැඩක්... නිදකිං... මේ කාලකණ්ණි නාකියා වළ දැවේ නැද්ද? ආයෙමත් ඇන්න ආවා..."

"ඈ... මොකක්ද ගෑණියේ කීවේ..? දැනගිය තී... අදින් පස්සේ තිට මේ ගෙදර මං ඉන්ට දෙන්නේ නෑ. බැහැපිය එළියට..." කියා සැමියා ඇයව ගෙදරින් එළියට ඇදලා දැම්මා. තාත්තයි පුතයි වතුර නාගත්තා. සීයාටත් බත් දුන්නා. ඒ දෙන්නත් කෑවා.

පුතා තවදුරටත් තාත්තාට උපදෙස් දුන්නා. "තාත්තා... අපේ අම්මා හැදෙන කෙනෙක් නොවෙයි. ඇයට පාඩමක් උගන්වන්ට ඕනෑ. ඔයා මෙහෙම කරන්ට. හඬ නගා සද්දෙට මෙහෙම කියන්ට. 'අසවල් ගමේ අපේ නැන්දාගෙ දුවක් ඉන්නවා. ඈ කරුණාවන්තයි. පුතේ... ඇට පුළුවන් මයෙ තාත්තවයි ඔයාවයි මාවයි හොඳින්

බලාගන්ට. ඈ අපි තුන්දෙනාට හොඳට සලකාවි. මං ඇය කැන්දං එන්ට යනවා' කියා ඔයා තෑගිත් අරන් වෙන ගෑණියෙක් ගේන්ට යන විදිහට ටිකක් ඈතට ගොහින් කුඹුරු ගාණේ ඇවිදලා හවස් වෙලා එන්ට."

'ඕ... මෙයැයිට පාඩම් උගන්වන්ට ඒකත් හොඳා කියා තාත්තා එහෙම කළා. වටේ ගෙවල්වල උදවියත් ඒ කාරණාව දැනගත්තා. දූවගෙන ඇවිත් බිරිඳට කීවා. "ඇයි යෝදියේ... මොකක්දෑ තී කළ මේ මෝඩ වැඩේ? ඔය වයසට උන්දෑට සලකාගෙන සතුටින් ඉන්ට තිබ්බා. ආං... උඹේ මිනිහා වෙන ගෑණියක් ඇන්න එන්ට පිට ගමකට ගියා."

එතකොට ඈ හොඳටම භය වුණා. 'දැන් නම් මං නැත්තටම නැති වෙනවා. මට පිහිටට ඉන්නේ මයෙ පුතා විතරයි' කියා පුතා සොයාගෙන ආවා. "අනේ මයෙ රත්තරං පුතේ... මෙහෙ එන්ට මයෙ දෙයියා... අනේ පුතේ, මයෙ අතින් වුණ වැරැද්දේ බරපතලකොම දැනුයි තේරෙන්නේ. ආං... ඔයැයිගේ තාත්තා වෙන ගෑණියක් ඇන්න එන්ට ගොහින්. අනේ පුතේ... මේ වැඩේට මැදිහත් වෙයං. වෙන ගෑණියක් ගෙනාවොත් මට මක්කා වෙයි ද! මං අදින් පස්සේ සෑයකට වඳිනවා පුදනවා වගේ ඔයාගේ සීයටත් තාත්තටත් සලකන්නම්. මට ගෙදර ඉන්ට සලසා දීපං පුතේ."

"හරි හරි... මයෙ අම්මා... ඔයා භය ගන්ට කාරි නෑ. අම්මගෙ වැරැද්ද තේරුම් ගත්තා නොවැ. හැබැයි ආයෙ නම් ඔවැනි බරපතල වැරදිවලට මැදිහත් වෙන්ට මට බෑ ඕං... ඔයා මට පොරොන්දු වෙන්ට නැවත මෙවැනි දෙයක් කරන්නේ නෑ කියා."

"අනේ ඔව් පුතේ... මං පොරොන්දු වෙනවා. මින් මනත මයෙ අතින් මෙවැනි දෙයක් වෙන්නෙ නෑ... නෑ ම යි... මේ සත්තක් ම යි කියන්නේ."

එතකොට පුතා තාත්ත එනතුරු බලා සිටියා. තාත්තා ආ ගමන් මේ ගාථාව පැවසුවා.

10. තාත්තාගෙ බිරිඳ නපුරු ගති ඇතිවයි ගෙයි සිටියේ
මෙලොවට මා බිහිකළ ඒ මයෙ අම්මා ම යි සිටියේ
ඇය දැන් සංවරයි දැමුණු දළ ඇතින්නියක විලසේ
නිවැරදි වූ ඇයව යළිත් ගෙට ගැනීම හරිය සිතේ

එතකොට තාත්තා ඇයට ගේ ඇතුළට එන්ට කීවා. ඇය ඇවිත් සැමියාටත් සැමියාගේ පියාටත් වැඳ සමාව ගත්තා. එතැන් පටන් ඈ හොඳටම කීකරු වුණා. තම මාමණ්ඩියටත් සැමියාටත් පුතුටත් ආදරයෙන් සැලකුවා. පුතාගේ අවවාදය මත කටයුතු කළ ඒ තාත්තයි අම්මයි මරණින් මතු දෙව්ලොව උපන්නා.

මෙය වදාළ භාග්‍යවතුන් වහන්සේ චතුරාර්ය සත්‍ය ධර්මය වදාළා. ඒ දේශනාව කෙළවර පියාට සැලකූ උපාසක සෝවාන් ඵලයට පත්වුණා. ඒ බිරිඳ තමයි මෙදත් බිරිඳ ව සිටින්නේ. එදා මාමණ්ඩිය ම යි මෙදාත් මාමණ්ඩිය ව සිටින්නේ. එදා නුවණැති පුත්‍රයා ව සිටියේ මම ය" කියා භාග්‍යවතුන් වහන්සේ මේ ජාතකය නිමවා වදාළා.

09. මහා ධම්මපාල ජාතකය

දීර්ඝායුෂ ලද ධර්මපාල පරපුර ගැන කතාව

පින්වතුනේ, පින්වත් දරුවනේ,

මේ කතාවත් ඉතාම ලස්සනයි. අප මහා බෝධිසත්වයන්ගේ ගුණත්, ඒ බෝසත් පරපුරේ උතුමන් තුළ තමන් රකින ගුණධර්ම පිළිබඳ ඇති විශ්වාසයත් ගැනයි මේ කතාවෙන් කියවෙන්නේ.

අපගේ භාග්‍යවතුන් වහන්සේ මුලින් ම කපිලවස්තු නගරයට වැඩිය අවස්ථාවේදී යි මෙය සිදුවුණේ. එදා සුදොවුන් මහනිරිඳා භාග්‍යවතුන් වහන්සේටත් විසිදහසක් මහා භික්ෂු සංඝයා වහන්සේටත් දානය වළඳන්ට කලින් හීලට කැවිලිත් කැඳත් පිළිගැන්නුවා. දාවල මහාදානය පිළියෙල වෙන අතරේ භාග්‍යවතුන් වහන්සේ සමග සුහද කතාබහේ යෙදී සිටියා. ඒ අවස්ථාවේ තමයි මේ ජාතකය පිණිස පසුබිම හැදුණේ. ඒ මොහොතේ සුදොවුන් රජ භාග්‍යවතුන් වහන්සේට මෙය කීවා.

"ස්වාමීනී භාග්‍යවතුන් වහන්ස, ඒ කාලේ නුඹවහන්සේ ගයාවේ උරුවෙල් දනව්වේ දුෂ්කර ක්‍රියා කරන කාලෙ. දවසක් දෙවිවරු අහසේ සිට මට මෙහෙම කීවා නොවැ. 'මහරජාණෙනි, ඇයි දන්නැද්ද? තොපගේ පුත්කුමරා වන සිද්ධාර්ථ ගෞතම කුමාරයා ආහාර වර්ජනය කරන්ට

ගොහින් ආං කලුරිය කළා.' එතකොට ස්වාමීනී, මං ඒ දෙවිවරුන්ට මෙහෙම කිව්වා.

"නෑ නෑ... ඒක කොහෙත්ම වෙන්ට බෑ. මයෙ පුත්‍ර කුමාරයා බුදුබව ලබන්ට නියමිත මහා පුණ්‍යවන්තයෙක්. මගේ පුත්කුමරු සම්බුදුබවට පත්වෙනතුරු කවුරුන් කෙසේ කීවත් ජීවිත හානියක් නම් වෙන්නේ නෑ. ඒක මට සහසුද්දෙන් ම විශ්වාසයි." කියා මං ඒ දෙවියන්නේ කීම ප්‍රතික්ෂේප කළා."

"ඒක හරි මහරජ, තොප පෙර ආත්මෙත් ඔය විදිහට ම විශ්වාසෙන් සිටියා. 'මේ තියෙන්නේ තොපගේ පුත්‍ර ධර්මපාල කුමරා දැවූ තැනින් ගත් ඇට' කියා දිසාපාමොක් ආචාරීන් කී විට 'අපගේ කුලේ අඩු වයසින් මියයාමක් නැත' කියා දැඩිව අදහාගෙන ප්‍රකාශ කළා. දැන් ඉතින් මෙවැනි අවස්ථාවක කොහොමත් දැඩි විශ්වාසයෙන් ඉන්නවා ම යි."

එතකොට සුදොවුන් නිරිඳා භාග්‍යවතුන් වහන්සේගෙන් ඒ පෙර ආත්මයේ සිදුවීම ගැන කියාදෙන්ට කියා ඉල්ලා සිටියා. එකල්හි අප භාග්‍යවතුන් වහන්සේ මේ මහා ධර්මපාල ජාතකය ගෙනහැර දක්වා වදාළා.

ගොඩාක් ඉස්සර ඈත අතීතයේ බරණැස් පුරේ බ්‍රහ්මදත්ත නම් රජෙක් රාජ්‍ය විචාරමින් සිටියා. ඒ කාලෙ කාශී රටේ ධර්මපාල නමින් ගමක් තිබුණා. ධර්මපාල නමින් ධනවත් බ්‍රාහ්මණ පවුලක් වාසය කිරීම නිසයි ඒ ගමට ඒ නම ලැබුණේ. ඒ පවුල ම දස කුසල්වලින් හික්මී පාලනය වූ නිසා ධර්මපාල නමින් ප්‍රසිද්ධ වුණා. එහි ප්‍රධානියා මහා ධර්මපාල නම් වුණා. ඒ පවුලේ දැසි දස් කම්කරුවෝ පවා දන් දෙනවා. සිල් රකිනවා. පොහොය

උපෝසථය රකිනවා. මහබෝධිසත්වයොත් ඒ කාලේ ඒ පවුලෙ ම උපන්නා. ධර්මපාල කුමාරයා යන නම ඔහුට ලැබුණා. මහා ධර්මපාල බ්‍රාහ්මණයා නිසි කලවයසට පත් ධර්මපාල කුමරුව ශිල්ප හැදෑරීම පිණිස තක්ෂිලාවට පිටත් කළා.

කුමාරයා තක්ෂිලා ගොහින් දිසාපාමොක් ආචාරීන් යටතේ ශිල්ප හැදෑරීමේ කටයුතු කරගෙන ගියා. පන්සීයක් තරුණ සිසුන් අතර වැඩිමලා ව සිටියේ ධර්මපාල කුමාරයා. ඒ කාලේ දිසාපාමොක් ආචාරීන්ගේ වැඩිමල් පුතා හදිසියේ අන්තරා වුණා. එතකොට දිසාපාමොක් ඇදුරුතුමා තරුණ සිසුන් ද නෑදෑයින් ද පිරිවරා හඬ හඬා සොහොනට ගිහින් පුතුගේ ආදාහන කටයුතු සිදුකළා. එහිදී දිසාපාමොක් ඇදුරුතුමාත් ඥාතීනුත් සිසු පිරිසත් හඬමින් සිටියා. නමුත් ධර්මපාල කුමාරයා පමණක් ඉතා ම දක්ෂව නොහඬා නොවැලපී සිටියා.

අවසන් කටයුතුවලින් පසු පන්සීයක් තරුණ සිසුන් ආචාර්යතුමා වෙත අවුත් මෙහෙම කිව්වා. "අහෝ... අපගේ මියගිය තරුණයා කොයිතරම් හොඳ කෙනෙක් ද! මෙවැනි යොවුන් වියේදී පවා මාපියන්ගෙන් වෙන් වී මැරෙන්ට වුණා නොවැ."

එතකොට ධර්මපාල කුමාරයා මෙය කීවා. "මිතුරනි, ඔයාලා මේ මොනාද කියන්නේ? තරුණ කාලෙත් මැරෙනවා...? අනේ අපගේ පවුලේ නම් තරුණයෙක් මැරෙනවා කියන එක කොහෙත්ම වෙන්නෙ නෑ. සිදුනොවිය යුත්තක් නොවේ ද මේ වුණේ?"

"ඇයි මිතුර එහෙම කියන්නේ? ඇයි ඔහේ මේ සත්වයන්ගේ මැරෙන ස්වභාවය දන්නැද්ද?"

"දන්නවා... මං හොඳටම දන්නවා... නමුත් තරුණ කාලේ මැරෙන්නේ නෑ. වයසට ගොහින් තමයි අපි මැරෙන්නේ."

"ඒ කියන්නේ ඔහේ පිළිගන්නැද්ද මේ හටගත්තු සෑම දෙයක් ම නැසී වැනසී යන බව?"

"මොකද නැත්තේ... ඒක තමයි සත්‍යය. නමුත් අපේ පවුලේ යොවුන් අවදියේ කවුරුවත් නැසී වැනසී යන්නෙ නෑ. මහලු වුණාම තමයි නැසී යන්නේ."

"ධම්මපාල මිතුර... එතකොට ඔහේගේ පවුලේ කවුරුත් මැරෙන්නැද්ද?"

"මැරෙනවා... හැබැයි තරුණ කාලේ නොවේ. වයසක උදවිය."

"ආ... ඒ මොකෝ... ඔහේගේ කුල පරම්පරාවේ ආනුභාවයක් ද?"

"ඔව්... එහෙම කියන්ටත් පුළුවනි."

එතකොට තරුණයෝ ගිහින් දිසාපාමොක් ආචාරීන්ට මෙය සැලකළා. ඇදුරුතුමා ධර්මපාල කුමරු කැඳවා විමසුවා. "දරුව ධර්මපාල, තොපගේ පවුලේ කවුරුවත් යොවුන් කාලේ මිය යන්නේ නෑ කියන්නේ හැබෑද?"

"එසේය ආචාරියපාදයෙනි, ඒක සත්‍යයක්!"

එතකොට දිසාපාමොක් ඇදුරුතුමා නිශ්ශබ්ද වුණා. කල්පනා කරන්ට පටන් ගත්තා. 'මේ දරුවා මහා පුදුමසහගත දෙයක් නොවැ කියන්නේ. මොහුගේ පියා ළඟට මං ම ගොහින් ඇත්ත නැත්ත විමසා බලන්ට ඕනෑ.

කාරණය හැබෑ නම් ඔවුන් පුරුදු කරන යම් විශේෂ වතක් පිළිවෙතක් ඇත්නම් මාත් කරන්ට ඕනෑ.'

ආචාර්යපාදයෝ තම පුත්‍රයා වෙනුවෙන් කළයුතු පිළිවෙත් අවසන් කොට දවස් හත අටක් ඇවෑමෙන් ධර්මපාල කුමාරයා ඇමතුවා. "පුත ධර්මපාල, ටික දොහක් ඈතක යන්ට වෙලා තියෙනවා. මං ගොහින් එනකල් මේ සිසුදරුවන්ට ශිල්ප උගන්වන්ට." කියා පැවරුවා. එළුවෙක් මියගිය තැනක ගොඩගැසී තිබූ මිනිස් ඇට හැඩයේ ඇට කීපයකුත් ගෙන පසුම්බියක දමාගත්තා. උවටැන් පිණිස උපස්ථායකයෙකුත් ගෙන තක්ෂිලාවෙන් පිටත් වුණා. අනුපිළිවෙළින් ඇවිත් කාශී රටටත් ආවා. ධර්මපාල ගමටත් ගියා. මහා ධර්මපාල නිවසටත් ඇවිදින් ගේ දොරකඩ සිටගත්තා.

ධර්මපාල බ්‍රාහ්මණයාගේ දාස පුරුෂයන්ගෙන් යමෙක් පළමුව ආචාර්යපාදයන් දැක්කා ද ඒ අය ඇවිත් පහසුව පිණිස ආචාර්යපාදයන්ගේ අතින් කුඩය ගත්තා. පාවහන් දෙක ගත්තා. උපස්ථායකයාගේ අතින් පසුම්බියත් ගත්තා. 'තොපගේ ධර්මපාල කුමාරයාගේ ආචාර්යපාදයෝ ඇවිත් ඉන්නවා කියා ගොහින් කුමාරයාගේ පියාට කියන්ට' කියා ඇදුරුතුමා කීවා. ඔවුන් වහා ගොස් දැනුම් දුන්නා.

එතකොට මහා ධර්මපාල බ්‍රාහ්මණයා ඉක්මනින් දුවගෙන ඇවිත් "අනේ... එන්ට එන්ට... අපගේ දිසාපාමොක් ආචාර්යපාදයෝ..." කියා ගරුසරු ඇතිව ගෙට කැඳවාගෙන ගොස් කෑම් බීම්වලින් සංග්‍රහ කළා. ටික වේලාවක් පිළිසඳර කතාබස් කළා.

"බ්‍රාහ්මණය, මං... මේ... ආවේ... නැවිත් ම බැරි කරුණකට. ඔහේගේ පුත්‍රයා හරිම නුවණැතියෙක්. ඔව්...

යස අගේට ඉගෙන ගත්තා... තුන් වේදයත්, දහඅට ශිල්පත් හොඳටම ඉගෙන ගත්තා. අනේ... ඔව්... හොඳ දරුවෙක්. ඒත්... ඒත්... කිසියම් කරුණක් කියන්ට තියෙනවා. හිත කලබොල කරගන්ට එපා හොඳේ... ඔහොම තමයි... ජීවිතේ හැම දෙයක් ම හිතන පතන විදිහට වෙන්නේ නෑ නොවැ."

"හරි... හරි... ආචාර්යපාදයෙනි... කමෙක් නෑ. කියන්ට. මයෙ පුතුට මොකුත් කරදරයක්වත් ද?"

"ඒක තේන්නම්... පුතා හදිසියේ ම ලෙඩවුණා. අපි දන්නා තරම් බේත් හේත් කළා. අහෝ... බේරගන්ට බැරිවුණා. මළා නොවැ. මොනා කරන්ට ද! ජීවිතේ හැටි..."

එතකොට මහා ධර්මපාල බ්‍රාහ්මණයා අත්පුඩියක් ගසා හයියෙන් හිනා වෙන්ට පටන් ගත්තා. "ඇයි... ඇයි... බ්‍රාහ්මණය, මොකෝ එක්වර ම හයියෙන් හිනැහෙන්නේ?"

"ආචාර්යපාදයෙනි... මට හිනා නොවී තියේවි යැ. මයෙ පුතා මැරෙන්නේ නෑ. මැරෙන්ට විදිහක් නෑ. ඔය වෙන කවුරු හරි මැරෙන්ට ඇති."

"කෝ... මේ... මේං තියෙනවා... මේ තියෙන්නේ ඒ දරුවාගේ ඇටකැබලි." කියා පසුම්බියෙන් එළියට ගත් ඇට පෙන්නුවා. එතකොට බ්‍රාහ්මණයාට තවත් හිනා ගියා.

"හොහ්... හෝ... මේවා නම් එළුවෙකුගේ හෝ මුවෙකුගේ හෝ ඇට වෙන්ට ඇති. ආචාර්යපාදයෙනි, මේ අහන්ට. අපේ පරපුරේ සත්වෙනි අතීත යුගය දක්වා කවුරුවත් ම තරුණ කාලේ මළේ නෑ. තොප බොරුවක් කියන්නේ." කියනකොට ම එතැන සිටිය පවුලේ සියලු දෙනා අත්පොළසන් දී මහහඬින් හිනැහුණා.

එතකොට දිසාපාමොක් ආචාර්යපාදයෝත් හිනැහෙන්ට පටන් ගත්තා. "හරි... බ්‍රාහ්මණය, තොප හරි... කුමාරයා මළේ නෑ. නමුත් මගේ ලොකු පුතා මළා. ඒ වෙලාවේ තමයි තොපගේ පුත්‍රයා කීවේ තොප පවුලේ කවුරුවත් තරුණ කාලේ මැරෙන්නේ නැත කියා. මට මෙය මහ පුදුමයක් වුණා. තරුණ දරුවන් නොමැරෙන කුලපරපුරක් සිටීම වෙන්ට හැකි දෙයක් ද! මොකක්ද මේ හාස්කම?" කියා මේ පළමු ගාථාව ඇසුවා.

1. කුමක්ද තොප පුරුදු කරන අමුතු පිළිවෙත
   කුමක්ද තොප හැසිරෙන ඒ උතුම් බඹසර
   ඉතා හොඳින් පුරුදු කෙරුව කුමක් නිසාදෝ
   මේ විස්මිත ඵල විපාක ලැබුණෙ කොහෙන්දෝ
   බමුණ කියව මටත් එයට හේතුව පහදා
   නොමැරෙන්නේ ඇයි ද තොපේ දරුවන් කිසිදා

එතකොට තමන්ගේ පවුලේ උදවිය පුරුදු කරන ගුණධර්මයන්ගේ ආනුභාවයෙන් මෙය සිදුවන බව පවසමින් මහා ධර්මපාල බ්‍රාහ්මණයා මේ ගාථාවන්ගෙන් පිළිතුරු දුන්නා.

2. දහමේ හැසිරෙන අපි නෑ බොරු පවසන්නේ
   සියලු පවෙන් වැළකී නිති හොඳයි කරන්නේ
   කිසිදා නෑ කාටවත් ම වැරදි කරන්නේ
   එනිසා අඩු වයසෙන් නෑ දරුවො මැරෙන්නේ

3. දහම් අසා හොඳ අය අපි හඳුනාගන්නේ
   අසත්පුරුෂයන්ගෙ හැටිත් දහමෙ තියෙන්නේ
   අසත්පුරුෂ ඇසුරෙන් අපි වැළකී ඉන්නේ
   සත්පුරුෂ ඇසුර පමණයි සේවනය කරන්නේ
   එනිසා අඩු වයසෙන් නෑ දරුවො මැරෙන්නේ

4. දන් දෙන්ට කලින් සිත පහදා සතුටින් ඉන්නේ
දන් දෙන මොහොතේ සතුටින් දානෙ පුදන්නේ
දන් දී පසුතැවීම කිසිදා නොකරන්නේ
එනිසා අඩු වයසෙන් නෑ දරුවො මැරෙන්නේ

5. ශ්‍රමණ බමුණො නිසි කල නිවසට වැඩමන්නේ
යදියොත් කිසිවක් ඉල්ලා අප වෙත එන්නේ
හැම දෙනාට කෑම් බීම් දී සලකන්නේ
එනිසා අඩු වයසෙන් නෑ දරුවො මැරෙන්නේ

6. ප්‍රිය බිරිඳ අතැර නෑ මා නම් නොමගට යන්නේ
බිරින්දෑවරුත් මෙහි ඒ ලෙසින් ම ඉන්නේ
අපි හැමෝම නිසි කල බඹසර හැසිරෙන්නේ
එනිසා අඩු වයසෙන් නෑ දරුවො මැරෙන්නේ

7. අපි කවුරුත් නෑ කිසිදා සතුන් මරන්නේ
කවදාවත් නෑ ම යි සොරකමක් කරන්නේ
බිඳුවක්වත් මත්පැන් නෑ මුවගට ගන්නේ
එනිසා අඩු වයසෙන් නෑ දරුවො මැරෙන්නේ

8. මෙහි ගුණදම් රකින උතුම් ළඳුන් සිටින්නේ
නුවණින් යුතු ඔවුන් ද දහමේ හැසිරෙන්නේ
ගුණවත් ඒ ළඳුන් උතුම් පුතුන් වදන්නේ
එනිසා අඩු වයසෙන් නෑ දරුවො මැරෙන්නේ

9. අපෙ මව්පිය සොයුරු සොයුරියන් ද සිටින්නේ
දරු දැරියන් හැමෝම සමගියෙනුයි ඉන්නේ
සුගති උපත පතමින් අපි මනුලොව ඉන්නේ
එනිසා අඩු වයසෙන් නෑ දරුවො මැරෙන්නේ

10. දාස දාසි කම්කරුවන් සතුටින් ඉන්නේ
දහමේ හැසිරෙමින් ඔවුන් පින් කර ගන්නේ

සුගති උපත පතා ඔවුන් මනුලොව ඉන්නේ
එනිසා අඩු වයසෙන් නෑ දරුවො මැරෙන්නේ

මේ අයුරින් ධර්මපාල බ්‍රාහ්මණයා දිසාපාමොක් ඇදුරුතුමන්ට ධර්මයේ හැසිරීම ගැන ගාථාවන් පවසා, ධර්මයේ හැසිරෙන උදවියට ධර්මය නිසා සැලසෙන යහපත ගැනත් මේ ගාථා දෙකෙන් පෙන්වා දුන්නා.

11. **ධර්මයෙහි හැසිරෙන අය ධර්මයෙන් ම යි රැකෙන්නේ**
හොඳින් හැසිරුණු ධර්මයෙන් සියලු සැප සලසන්නේ
පුරුදු කළවිට ධර්මය මහා අනුසස් තියෙන්නේ
ධර්මයේ හැසිරෙන අය දුගතියෙහි නෑ යන්නේ

12. **ධර්මයෙහි හැසිරෙන අය ධර්මයෙන් ම යි රැකෙන්නේ**
කුඩේ ඉහළාගත් අය වැස්සකට නෑ තෙමෙන්නේ
මම නමින් ධර්මපාල ය ධර්මයෙන් සුරැකෙන්නේ
වෙන අයගේ ය ඔය ඇට, කුමරු සැපසේ සිටින්නේ

මෙය ඇසූ දිසාපාමොක් ඇදුරුතුමා මෙය කීවා. "අනේ බ්‍රාහ්මණය, අද මගේ සිතට පුදුම සතුටක් ඇතිවුණා. මං ආවේ යහපත් ගමනක් ම යි. ඒ වගේ ම අනේ මට සමාවෙන්න. අහිතක් කරන්ට අදහසක් තිබුණේ නෑ. මං හැම දෙයක් ම කීවේ ඇත්ත නැත්ත විමසා දැනගන්ටයි. ඇත්තෙන්ම ඔහේ හරි. මං ගෙනාවේ මළ එළුවෙකුගේ ඇට. තොපගේ පුත්‍ර ධර්මපාල කුමාරයා ඉතා සුවසේ ඉන්නවා. තොප විසින් පුරුදු කරන ඔය දහම් පිළිවෙත මටත් දෙන්ට." කියා එය පුස්කොළ පොතේ ලියවා ගත්තා. දින කීපයක් සුවසේ වාසය කොට නැවත තක්ෂිලාවට පිටත් වුණා. ධර්මපාල කුමාරයා ඉතා හොඳින් සියලු ශිල්ප ඉගෙන ගත්තා. අවසානයේ මහත් පිරිවරින් ආපසු පිටත් කෙරෙව්වා.

භාග්‍යවතුන් වහන්සේ තම පියාණන් වූ සුදොවුන් මහරජුට මේ ධර්මපාල ජාතකය වදාරා චතුරාර්ය සත්‍යය දේශනා කොට වදාළා. ඒ දේශනාව අවසානයේදී සුදොවුන් මහනිරිඳා අනාගාමී ඵලයට පත්වුණා. "මහණෙනි, එදා මව්පියන් ව සිටියේ මෙකල මාගේ මව්පියන් ව සිටි සුදොවුන් නිරිඳුත් මහාමායා දේවියත් ම යි. දිසාපාමොක් ආචාර්යපාදයන් ව සිටියේ අපගේ සාරිපුත්තයෝ. ධර්මපාල කුමරු ව සිටියේ මම ය" කියා භාග්‍යවතුන් වහන්සේ මේ මහා ධර්මපාල ජාතකය නිමවා වදාළා.

10. කුක්කුට ජාතකය

බෝසත් කුකුළා ගැන කතාව

පින්වතුනේ, පින්වත් දරුවනේ,

පලිගැනීමේ අදහස යමෙකුගේ සිතේ තිබුණොත් පළමු හානිය සිදුවන්නේ ඔහුට ම යි. ඔහු වෙනත් කවුරුන්ගෙන් හරි පලිගැනීමට සිතයි නම්, ඒ පලිගැනීමට ලක්වන තැනැත්තාට බිය, තැතිගැනීම, හිංසා උපදිනවා ම යි. දේවදත්තගේ සිතේ තිබුණේ එවැනි පලිගැනීමේ අදහසක්. සත්පුරුෂ උතුමන්ගෙන් පලිගැනීම නිසා ම ඔහුට කිසිදා කිසි අයුරකින් හිතේ සහනයක් ලැබුණේ නෑ. අන්තිමේදී තමන්ගේ ඉරණම තමන් ම සකසාගෙන අවීචි මහා නරකයේ දුක් විඳින තැනට පත්වුණා. මේ කථාවත් ඔහු ගැන ම යි.

ඒ දිනවල අපගේ භාග්‍යවතුන් වහන්සේ වැඩවාසය කොට වදාළේ රජගහ නුවර වේළුවනයේ. ඒ කාලේ දෙව්දත් භාග්‍යවතුන් වහන්සේට විරුද්ධව සතුරුකම් කරන්ට පටන් අරන්. දුනුවායන් යොදවා භාග්‍යවතුන් වහන්සේව ජීවිතක්ෂයට පත්කරන්ට මහන්සි ගත්තා. නමුත් බුද්ධානුභාවයෙන් දමනය වූ ඔවුන් බුද්ධ ශාසනයේ පිහිට ලබා පැවිදි වුණා. එදා දම්සභාවෙහි රැස්වූ භික්ෂූන් වහන්සේලා මේ ගැන කතා කරමින් සිටියා.

"අනේ බලන්ට ඇවැත්නි, මේ දේවදත්තගේ භයානකකම. මොහුගේ එක ම අදහස භාග්‍යවතුන් වහන්සේගේ ජීවිතය විනාශ කරන්ට ම යි. ඕං... දුනුවායොත් එවලා. හැබැයි ඒ වැඩේ සාර්ථක වුණේ නෑ. ඒ වුණාට දේවදත්ත තමන්ගේ අදහස අත්හරින පාටක් නෑ.

ඒ අවස්ථාවේ අපගේ භාග්‍යවතුන් වහන්සේ එතැනට වැඩමකොට වදාළා. තමන් කතා කරමින් සිටි කරුණ භික්ෂූන් වහන්සේලා සැලකොට සිටියා. භාග්‍යවතුන් වහන්සේ "මහණෙනි, දේවදත්ත මා වනසන්ට උත්සාහ කරන්නේ දැන් මේ ආත්මයේ විතරක් නොවේ. මීට කලිනුත් ඔහුගේ සිතේ තිබුණේ ඒ අදහස ම යි" කියා යටගියාවෙහි වැසී තිබූ මේ කුක්කුට ජාතකය ගෙනහැර දක්වා වදාළා.

ගොඩාක් ඉස්සර කාලේ කොසඹෑ නුවර කෝසම්බක නමින් රජකෙනෙක් රාජ්‍ය කළා. ඒ කාලේ අප මහා බෝධිසත්වයෝ එක්තරා උණගස් වනයක කුකුල් යෝනියෙහි ඉපිද සිටියා. නොයෙක් සිය ගණන් කුකුළන් පිරිවරාගෙන ඒ උණ වනයේ වාසය කළා. ඒ වනයට නුදුරින් එක්තරා උකුස්සෙක් වාසය කළා. උකුස්සා ඉතා දක්ෂ විදිහට එක එක කුකුළා බැගින් දඩයම් කරගෙන කන්ට පටන් ගත්තා. ක්‍රමයෙන් බෝසත් කුකුළා හැර අනිත් සියලු ම කුකුළන් නසා අනුභව කරන්ට ඌ සමත් වුණා.

දැන් බෝසත් කුකුළා තනිවුණා. කාරණයේ බරපතලකම කුකුළාට තේරුණා. ඔහු හැම තිස්සේ ම කල්පනාවෙන් සිටියා. කල්පනාවෙන් ම ගොදුරු සොයනවා. හොඳ කල්පනාවෙන් ම ආපසු ඇවිත් උණ

පඳුරට රිංගනවා. උකුස්සාත් අත්හැරියේ නෑ. ඌත් හැම තිස්සේ ම ප්‍රධාන කුකුළාව ඩැහැගන්ට මාන බැලුවා. කොතෙක් උත්සාහ කළත් උකුස්සාට කුකුළාව අල්ලන්ට බැරිවුණා. ඊට පසු ඌ හිතුවා 'නෑ... මෙහෙම හරියන්නෙ නෑ... අනිත් කුකුළෝ නම් නිකම් ම අල්ලාගන්ට පුළුවන් වුණා. මේකාව එහෙම අල්ලන්ට බෑ. හරි කල්පනාවෙන් ඉන්නේ. දැන් යාළුකමෙන් තමයි අල්ලාගන්ට තියෙන්නේ' කියා දවසක් අසළ ගසක සැඟවී සිටි මෙහෙම කිව්වා.

"අනේ මගේ මිත්‍ර කුකුල් රජෝ... ඔහේ මං ගැන මොනාටද මෙතරම් භය වෙන්නේ? මාත් හරි මනාපයි ඔහේ වැනි අය සමග මිතුරුකොමක් ඇතිකරගන්ට. මේ... යාලුවා... මං ඔහේට කියන්ට ආවේ වැදගත් දෙයක්. ඔහේ දන්නවා නොවැ මින් ටිකාක් එහායින් ඇති අසවල් වනගොමුව. හප්පා... එහෙ නොවැ හිතුමනාපෙට කන්ට බොන්ට ඕනෑ කරන ජාති තියෙන්නේ. එහෙ ගියොත් නිදහසේ කාලා බීලා වාසය කරන්ට පුළුවනි. වරෙන් මිත්‍රයා එහෙට යන්ට. එතකොට අපි දෙන්නාට එකිනෙකා කෙරෙහි ප්‍රිය මනාප ව ඉන්ට පුළුවනි."

එතකොට බෝසත් කුකුළා කෑගසා මෙසේ පිළිතුරු දුන්නා. "හෝ... මේං වැඩක්... ඔහේ මගේ මුළු පිරිස ම මරාගෙන කෑවා. දැන් එනවා මාත් එක්ක මිතුරුකොමට. හහ්... ඒ කියන්නේ ඔහේ කළ පව් ඔක්කෝම අමතක කොට යාළුවෙන්ට කියලා ඒ...? ආයෙ එහෙම කරන්නෙ නැත කියා ඔය කියන්නේ හැබෑටම? අනේ ඕයි... ඔහේ වැනි යාලුවෙක් මට ඕනැන්නේ නෑ. යනවා යන්ට..."

උකුස්සා තුන් වතාවක් ම ආයාචනා කළා. මිතුරුදම ඕනෑ ම යි කීවා. හැම වතාවෙම කුකුළා ප්‍රතික්ෂේප

කළා. "මේ අසාපං. මා මේ කියන දුර්ගුණ ඇති සත්වයන් හා මිතුරුකමක් කරන්ට ම හොඳ නෑ." කියා වනගැබ නින්නාද කරවමින් දේවතාවුන් සාදුනාද කරද්දී මේ දහම් ගාථාවන් කියන්ට පටන් ගත්තා.

1. පව් කළ අය නම් එපා විශ්වාසෙට ගන්ට
මුසා කියන අය කිසිදා එපා අදහගන්ට
ලාභ පතා එන අය හා එපා මිතුරු වෙන්ට
පිටතින් නම් හොඳට පෙනේ ඇතුළ හරිම භයානකයි
එවැනි අයත් හොඳ නෑ ම යි විශ්වාසෙට ගන්ට

2. වතුරට බැස ගවයින් මුව පුරා ම පැන් බොනවා
එවැනි අයත් මිතුරු වෙසින් අප අතරට එනවා
බොරු හිතවත්කම් පාමින් වදනින් රවටනවා
ඔවුන් තමන්ගේ මිතුරන් රහසෙ ගසාකනවා

3. හමු වූ විට ඇඳිලි බැඳන් වැඳලා පිළිගන්නේ
මෙය දෙමි, මෙය කරලා දෙමි කියමින් රවටන්නේ
හරයක් නැති අය මෙලොවේ මිතුරු වෙසින් එන්නේ
ඔවුන්ට නෑ කළගුණ නම් කිසිදා සිහිවන්නේ

4. පටු සිතකින් ම යි ඒ අය හැමවිට ම සිතන්නේ
ගැණු පිරිමි කවුරුත් නෑ මිතුදමකට ගැලපෙන්නේ
ඔවුන් මිතුරුකම් පෑවිට අනතුර ම යි වෙන්නේ
එබඳු අයව විශ්වාසෙට ගන්ට නෑ වටින්නේ

5. පව් කරමින් ඔවුන් දුසිල් බවේ ගිලී ඉන්නේ
යහපත් වදනක් ඔවුන්ට නෑ ම යි පිහිටන්නේ
ඉඩ ලද විට සිය මිතුරන් වනසාගෙන යන්නේ
කොපුවෙහි සඟවා තිබෙනවා කඩුවක් විලසින්නේ

6. මිතුරු වෙසින් මියුරු වදන් මුවින් පිටකරන්නේ
වදන් මියුරු නමුත් සිතින් ඉතා දුෂ්ඨ වන්නේ
නොයෙක් උපායන් කරමින් මිතුරුදම් සොයන්නේ
මිතුරුකමට නෑ ඒ අය කිසිදා ගැලපෙන්නේ

7. කන්ට බොන්ට ඇති අය හා ඇසුර කැමති වන්නේ
අතමිට සරු උදවිය හා මිතුරුකම් කරන්නේ
ඉඩ ලද විට ඒ අයගෙන් ධනය පැහැර ගන්නේ
මිතුරන් නසමින් ම ඔවුන් තම ගමනේ යන්නේ

කුකුළා මේ ගාථාවන් පැවසුවා. උකුස්සාට මෙසේත් කීවා. "එම්බල උකුස්ස, දැනගිය තා... මේ ස්ථානය අත්හැර නොගියොත් තට කරන දේ දැනගං..." කියා කුකුළා මහහඬින් ශබ්ද කළා. උකුස්සා භය වුණා. ඒ පෙදෙස අත්හැර වෙන පළාතකට ගියා. මෙය වදාළ භාග්‍යවතුන් වහන්සේ මේ ගාථාවන් ද වදාළා.

8. මිතුරු වෙසින් බොහො අය ඇති තතු සඟවා ඉන්නේ
ඔවුන් හැඳින නුවණැති අය ඇසුර දුරු කරන්නේ
උකුස්සාව හඳුනාගත් කුකුළා විලසින්නේ
අසත්පුරුෂ බාල ඇසුර දුරුකළයුතු වන්නේ

9. හටගෙන තිබෙනා අනතුර -
වහා නොදකියි නම් යමෙක්
මිතුරා ය සිතා ඔහු - වැටෙන්නෙ සතුරු ඇසුරටයි
ඒ නිසා ම ඔහු හට - උරුම වෙන්නෙ ශෝකය යි

10. හටගෙන තිබෙනා අනතුර - වහම දකියි නම් යමෙක්
ඔහු මිදෙයි සතුරු උවදුරෙන් - උකුස්සාගෙන් ගැලවුණු
නුවණැති කුකුළා ලෙසින්

11. සතුරු අයත් මිතුරු වෙසින් ඒ විදිහට එනවා
මුවන්ට වනයේ ඇටවූ උගුල ලෙස ම වෙනවා
නුවණැතියා අසත්පුරුෂ ඇසුරෙන් වෙන් වෙනවා
උකුස්සාව එලවූ ඒ කුකුළ වගේ වෙනවා

මෙය වදාළ භාග්‍යවතුන් වහන්සේ මෙසේත් වදාළා. "මහණෙනි, එදා මා වනසන්ට උත්සාහ කළ උකුස්සා ව සිටියේ දේවදත්ත. ඔහුව උණ වනයෙන් පලවාහළ කුකුළා ව සිටියේ මම ය" කියා මේ කුක්කුට ජාතකය නිමවා වදාළා.

11. මට්ටකුණ්ඩලී ජාතකය

සෝක දුක දුරුකරගත් උපාසකගේ කතාව

පින්වතුනේ, පින්වත් දරුවනේ,

කවුරු හෝ මරණයට පත්වීම ඔහුගේ ඤාතිමිත්‍රාදීන්ට බොහෝ සෝදුක් උපදවා දෙන කරුණක්. ප්‍රියයන්ගෙන් වෙන්වීම නමැති දුකෙන් ඔවුන් පෙළෙනවා. සෝක දුක හටගත්විට ඇතැම් අයට එය උහුලාගන්ට බැරිතරම්. එවන් සෝක දුකකට පත් උපාසකයෙකුට අපගේ භාග්‍යවතුන් වහන්සේගෙන් මහත් උපකාරයක් ලැබුණා. ඒ අවස්ථාවේදී තමයි භාග්‍යවතුන් වහන්සේ මේ ජාතකය වදාළේ.

ඒ දිනවල අපගේ භාග්‍යවතුන් වහන්සේ වැඩවාසය කොට වදාළේ සැවැත් නුවර ජේතවනයේ. ඒ කාලේ නිතර දෙව්රමට ගොස් භාග්‍යවතුන් වහන්සේට වන්දනා කරමින් බණ අසමින් සිටිනා එක්තරා උපාසකයෙක් සැවැත් නුවර වාසය කළා. මොහුට සිටියේ එක ම දරුවයි. ඒ දරුවාට ගෙදර හැමෝම ආදරෙයි. විශේෂයෙන් මේ උපාසක තම පුතුට ඉතාමත් ම ආදරෙයි. තමන්ගේ ඒ ප්‍රියාදර පුත්‍රයා දිනක් හදිසි රෝගාබාධයකින් මරණයට පත්වුණා. කොතරම් බණ දහම් දැනසිටියත් තවම සෝවාන් ඵලයට පත්ව නොසිටි මොහුට දරු වියෝවෙන් උපන් දුක උහුලාගන්ට බැරිතරම් තදින් දැනුණා. ඉතින්

මොහු ඒ සෝක දුකෙන් පීඩිත ව නොකා නොබී හිටියා. කොටින් ම අචිරවතියට ගොහින් ස්නානය කිරීමවත් කළේ නෑ. වෙනත් වැඩකටයුත්තක් කළෙත් නෑ. භාග්‍යවතුන් වහන්සේට වන්දනා කරන්ට ජේතවනයටවත් ගියේ නෑ. 'අනේ... මගේ රත්තරන් පුතේ... ඇයි ඔයා මට කලින් අපව දාලා ගියේ?' කියමින් ඇඳේ වැටිලා හඬ හඬා හිටියා.

භාග්‍යවතුන් වහන්සේ දිනක් හිමිදිරි උදෑසන මහා කරුණා සමවතට සමවැදී තමාගෙන් පිහිට ලබාගන්ට වාසනාව ඇති සත්වයන් දෙස බලා වදාළා. ඒ මොහොතේ සෝවාන් ඵලයට පත්වෙන්ට පින ඇති උපාසකයෙක් දරු දුකින් තැවි තැවී ඉන්නා අයුරු දකින්ට ලැබුණා. භාග්‍යවතුන් වහන්සේ එදා භික්ෂූන් වහන්සේලා සමග සැවැත් නුවර පිඬුසිඟා වැඩමකොට දානයෙන් පසුව අපගේ ආනන්ද තෙරුන් වහන්සේ පසු ශ්‍රමණයෙකු ලෙස තබා, ඒ උපාසකගේ නිවසට වැඩම කොට වදාළා. භාග්‍යවතුන් වහන්සේ වැඩම කළ වග ඔහුට දැනුම් දුන්නා.

එතකොට ගෙදර සිටි අය ඉක්මනින් ම අසුන් පනවා භාග්‍යවතුන් වහන්සේව නිවසට වැඩමවා ගත්තා. ඊට පස්සේ උපාසක ව වත්තන් කරගෙන භාග්‍යවතුන් වහන්සේ වෙත කැඳවාගෙන ආවා. උපාසක භාග්‍යවතුන් වහන්සේට වන්දනා කොට පසෙකින් වාඩිවුණා. භාග්‍යවතුන් වහන්සේ දයානුකම්පාවෙන් සිහිල් වූ මියුරු වදනින් උපාසකට කතාකොට වදාළා.

"උපාසක... තමන්ගේ එක ම දරුවාගේ වියෝව නිසා උහුලාගන්ට බැරිතරම් සෝකයකින් නොවේ ද ඉන්නේ?"

"එහෙමයි භාග්‍යවතුන් වහන්ස."

"උපාසක... ඉස්සර කාලේ හිටිය නුවණැති මිනිස්සු පවා තමන්ගේ දරුවන්ගේ වියෝවෙන් සෝක දුක උහුලාගන්ට බැරුව ඔය වගේ හැසිරුණා. නමුත් මියගිය ජීවිතයක් ඒ අයුරින් ම ලබාගන්ට බැරි බවට නුවණැතියන්ගෙන් කරුණු අසන්ට ලැබුණා. ඒ අනුව ඔවුන් ජීවිතය තේරුම් ගත්තා. දරුවාගේ වියෝවෙන් හටගත් සෝකය නැතිකරගත්තා."

"අනේ ස්වාමීනී... මටත් මේ සෝක දුකෙන් නිදහස් වෙන්ට ඕනෑ. ඒ අතීතයේ සිටි පණ්ඩිත මිනිස්සු සෝක දුක දුරුකරගත් කතාව කියාදෙන සේක්වා!" කියා භාග්‍යවතුන් වහන්සේගෙන් ඉල්ලා සිටියා. භාග්‍යවතුන් වහන්සේ ඒ අවස්ථාවේදී මේ ජාතකය වදාළා.

ගොඩාක් ඉස්සර කාලේ බරණැස් පුරේ බ්‍රහ්මදත්ත නමින් රජ්ජුරු කෙනෙක් රාජ්‍ය විචාරමින් සිටියා. ඔය කාලේ මහා ධනවත් බ්‍රාහ්මණයෙකුගේ සොළොස් වියැති එක ම පුත්‍රයා හදිසියේ හටගත් රෝගාබාධයකින් මරණයට පත්වුණා. ඔහු මියගොස් දෙවියන් අතර උපන්නා.

තමන්ගේ පුත්‍රයා මියගොස් දිව්‍ය ආත්මයක් ලැබූ වගක් බ්‍රාහ්මණ පියා දන්නේ නෑ. ඔහු දරු දුක උහුලා ගන්ට බැරුව දිනපතා සොහොනට ගොහින් තම පුත්‍රයා දැවූ තැනට යනවා. එතැනදී පුතුගේ අළු තිබූ සොහොන වටා කැරකි කැරකී හඬනවා. "අනේ මයෙ පුතේ... ඇයි ඔයා මටත් කලින් මාව දමා ගියේ?" කියා කෑගසනවා.

දෙවියන් අතර උපන් දේවපුත්‍රයා දරු දුකින් පෙළෙන පියාව දැක්කා. කෙසේ හෝ තම පියාව දුකින් මුදවාගන්ට ඕනෑ ය කියා සිතට ගත්තා.

එදත් බ්‍රාහ්මණයා සොහොනට ගොහින් පුතා දැවූ තැන වටා යමින් හඬ හඬා උන්නා. එතකොට දිව්‍යපුත්‍රයා බ්‍රාහ්මණයාගේ මියගිය පුත්‍රයාගේ වේශයෙන් ම ඒ පුත්‍රයා වගේ ම රූපයකින් පෙනී ගියා. සියලු ආභරණයෙන් සැරසී උන්නා. ඔහු ඒ අසළ වෙන ම තැනක සිට දෙඅත් හිසේ තබා මහහඬින් හඬන්ට පටන් ගත්තා. බ්‍රාහ්මණයා එදෙස බැලුවා. 'අනේ... අර දරුවා මයෙ මියගිය පුතා වාගෙමයි. හැබෑ ලස්සන දරුවෙක්.' කියා තමන්ගේ හැඬීම නවතා ඔහු ළඟට ගියා.

"පින්වත් දරුවෝ... ඇයි ඔයා මේ සොහොනට ඇවිත් හිස අත් බැඳ හඬ හඬා ඉන්නේ?" කියා මේ පළමු ගාථාව ඇසුවා.

1. නා නා බරණින් සැරසී - මැනවින් ඔපමට්ටම් කළ
සොඳුරු කොඬොල් පැළඳ සිටින්නේ
අලංකාර සුවඳ කුසුම් - මාලා කර පළඳා
සුවඳ සඳුන් තවරා ඉන්නේ
රන්වන් පෙනුමැති පුතේ - හිස අත් බැඳ මෙහි
ඇයි ද සොහොනකට ඇවිත් - දුකෙන් හඬන්නේ?

එතකොට යොවුන් දරුවා හඬ හඬා ම මේ ගාථාවෙන් පිළිතුරු දුන්නා.

2. රත්තරනින් නිමවූ - ඉතා සොඳුරුව බබළන
අලංකාර රථ සැකිල්ලකුයි - මට ලැබී තිබෙන්නේ
ඒකට නිසි රෝද දෙකක් - අනේ තවම ලැබුනෙ නෑ
මං ඒ ගැන දුකෙන් ඉන්නවා -
මීට හොඳයි මැරිලා යනවා

එය ඇසූ බ්‍රාහ්මණයා දරුවා කැමති ඕනෑම විදිහකට

රථ රෝද දෙකක් සාදා දෙන්ට සූදානම් ව මේ ගාථාව පැවසුවා.

3. අනේ පුතේ ඒ නිසා ද - ඔයා හඬන්නේ මෙතරම්
රත්තරනින් හෝ මැණිකෙන් - ලෝහයෙන් වුණත්
රිදියෙන් වුව කමක් නැතේ -
ඔයා කැමති දෙයක් කියන්න
රථයට නිසි රෝද දෙකක් - මං කරවා දෙනවාමයි

එතකොට ඒ පුත්‍රයා එවැනි දෙයකින් කළ රෝද දෙකක් ලබාගන්ට කැමති වුණේ නැහැ. ඔහුට ඕනෑ කළේ එය නොවේ කියා දැනුම් දුන් අයුරු ගාථාවෙන් සඳහන් වෙනවා.

4. නව යොවුන් තරුණයා - ඒ කිසි දේකින් නිමවූ
රෝද දෙකක් ලබාගන්ට - කැමති වුණේ නෑ
'මගේ රථය රනින් කරපු එකක් නිසා
සඳ හිරු දෙදෙනා - රෝද දෙකට ගත්විට පමණයි
හරි අගේට ගැලපී යන්නේ

ඔහුගේ පිළිතුරු ගැන බ්‍රාහ්මණයාට මහත් අනුකම්පාවක් හටගත්තා. මේ ළමයා ඉල්ලන්නේ ලෝකයේ නොලැබිය හැකි දෙයක් නොවැ කියා සිතමින් මේ ගාථාව පැවසුවා.

5. ඇයි ද දරුවෝ ඔය ළමයා - ඔය තරම් ම මෝඩ
කිසිදා ලබාගන්ට බැරි දෙයකුයි - ඔයා පතන්නේ
සඳ හිරු දෙක රෝදවලට - ලබාගන්ට බැරි දෙයක් බව
ඇයි ඔයාට තේරෙන්නැත්තේ?
මෙහෙම ගියොත් මං හිතන්නෙ -
ඔයා නිකම් මැරිලා යාවි

එතකොට යොවුන් තරුණයා හැඬීම නවත්වා බ්‍රාහ්මණයාට මේ පිළිතුරු ගාථාව පැවසුවා.

6. අනේ එහෙනම් අර බලන්ට -
සඳ හිරු ලස්සනට පේනවා
සඳ හිරු යන මගත් පේනවා -
හැඩරුව හරි යසට පේනවා
එනමුත් තොපගේ මියගිය පුතු නම් -
කිසිදා දැකගන්ටත් බැමයි
හඬමින් සිටිනා අප දෙදෙනාගෙන් -
කවුරු ද ගොඩක් ම මෝඩ?

බ්‍රාහ්මණයාට ඒ වචනයෙන් ම සිහිය උපන්නා. හැඬීම නැවතුණා. මේ තරුණයා කියන්නේ ඇත්තක් ම යි කියා සිතුණා. ටිකෙන් ටික සෝක දුක දුරුවෙන්ට පටන් ගත්තා. මේ ගාථාවෙන් පිළිතුරු දුන්නා.

7. ඇත්තක්මයි පුතේ ඔයා මේ පවසන්නේ
හඬනා අප දෙන්නා අතුරින් - ලොකුම මෝඩයා මමයි
ගමේ පුංචි කොලුවෙක් - හඳ ඉල්ලා අඬනව වාගේ
මගේ මියගිය පුතු ඉල්ලා - මාත් ඔහේ හඬමින් සිටියා

මාණවකයාගේ කථාවෙන් ඔහුගේ සෝක දුක නැතුව ගියා. ඒ යොවුන් මාණවකයාට ස්තුති කරමින් මේ ගාථාව පැවසුවා.

8. මා සිත තුළ සෝක දුකින් -
මහ ගින්නක් ඇවිලී තිබුණේ
ගිනි අඟුරට ගිතෙල් දමා -
ඇවිලෙන ලෙස ඇවිලී තිබුණේ
එයට වතුර දැම්ම වගේ - සෝක දුක මගේ නිවී ගියා
සිතේ කයේ හැම වෙහෙස ම - සංසිඳී ගියා

9. සෝක වියෝවෙන් සිටි - සෝක දුකෙන් වැලපී
හිතේ ඇනි ඇනී වද දුන් - ඒ මගේ සෝක හුල
සත්තකින් ම මගේ සිතෙන් - තොප උදුරා දැම්මා

10. උදුරා හළ සෝක දුකින් - නිදහස් වී ගියානෙ මං
කැළඹීමක් නැතිවයි ඉන්නේ -
තොපගේ වචනය මට පිහිට වුණා
පින්වත් දරුවෝ මං - නොහඬා නිස්සෝකව ඉන්නේ

එතකොට දිව්‍යපුත්‍රයා යොවුන් තරුණයාගේ වෙස් නැතිකොට සැබෑ දිව්‍ය ස්වරූපයෙන් පෙනී සිටියා. "බ්‍රාහ්මණය, තොප හඬා වැලපුණේ මිය ගිය යම් පුත්‍රයෙක් නිසා ද, ඒ පුත්‍රයා මම යි. මට දෙවියන් අතරේ උපදින්ට අවස්ථාව ලැබුණා. මං දැන් හොඳ තැනක ඉන්නවා.

අදින් පස්සේ හඬන එක නවත්වන්ට. දානාදී පින්කම් කරන්ට. සීලාදී ගුණදම් රකින්ට. පොහොය අටසිල් රකින්ට. මං වගේ ම දෙවියන් අතරේ උපදින්ට මග සලසාගන්ට." කියා අවවාද දී එතැන ම නොපෙනී ගියා. දැන් බ්‍රාහ්මණයාට හරි සතුටුයි. ඔහුත් තම පුත්‍ර දේවතාවාගේ අවවාද අනුව ජීවිතය ගතකොට මරණින් මතු දෙවියන් අතර උපන්නා.

භාග්‍යවතුන් වහන්සේ මේ ජාතකය වදාරා අනතුරුව චතුරාර්ය සත්‍ය ධර්මය දේශනා කොට වදාළා. ඒ දේශනාවේ කෙළවර දරු දුකින් පීඩිතව සිටි උපාසක ඒ දුක් නැතිකරගනිමින් සෝවාන් ඵලයට පත්වුණා. "මහණෙනි, එදා අවවාද කළ දිව්‍යපුත්‍රයා ව සිටියේ මම ය" කියා භාග්‍යවතුන් වහන්සේ මේ මට්ටකුණ්ඩලී ජාතකය නිමවා වදාළා.

12. බිළාරකෝසිය ජාතකය
බිළාරකෝසිය සිටාණන්ගේ කතාව

පින්වතුනේ, පින්වත් දරුවනේ,

සත්පුරුෂයන් විසින් දෙනු ලබන යහපත් අවවාද කවුරු හෝ කෙනෙක් සිතෙහි දැඩිව පිහිටුවා ගත්තොත් එයින් ඒ කෙනාට යහපත සිදුවෙනවා ම යි. අප මහබෝසතුන් විසින් බොහෝ පෙර ඈත අතීතයේ එක්තරා පුද්ගලයෙකුට දුන් අවවාදය භවාන්තර ගණනක් ඔහුගේ සිතේ තැන්පත් ව තිබීම ගැනයි මේ කථාව.

ඒ දිනවල අපගේ භාග්‍යවතුන් වහන්සේ වැඩවාසය කොට වදාළේ සැවැත් නුවර ජේතවනයේ. ඒ කාලේ සැවැත් නුවර සිටි තරුණයෙක් භාග්‍යවතුන් වහන්සේගේ දහම් කථාව අසා පැහැදී ගිහිගෙය අත්හැර බුදුසසුනෙහි පැවිදි වුණා. මොහු පැවිදි වූ දා පටන් ම සිටියේ දන්දීමෙහි දැඩි ආසාවකින්. මේ භික්ෂුව පිඬුසිඟා ගොස් රැගෙන එන පිණ්ඩපාත දානයෙන් කිසිවක් නොදී කවරදාකවත් තනියම වළඳන්නේ නෑ. කොටින් ම පැන් ටිකක් වළඳින්ට ගත්තත් පැන් ස්වල්පයක් කාටවත් නොදී තනියම පානය කරන්නේ නෑ. මේ භික්ෂුව තුළ පැවති දන්දීමේ අසාමාන්‍ය පුරුද්ද නොවෙනස් ව පැවතුණා. මොනව අවස්ථාවකවත් මගහැරුණේ නෑ. එනිසා ම අනික් භික්ෂූන්ට මේ භික්ෂුනම තුළ ඇති දානාධ්‍යාශය

දන් දීමේ ඇති බලවත් නැඹුරුව විශේෂයෙන් දකින්ට ලැබුණා.

එදා දම්සභාවේ රැස්වූ භික්ෂූන් වහන්සේලා මේ භික්ෂුවගේ ගුණවත්කම පිළිබඳව ප්‍රශංසා කරමින් සිටියා. භාග්‍යවතුන් වහන්සේ වැඩම කොට ඔවුන් කතා කරමින් සිටි කරුණ කුමක්ද කියා අසා වදාළ විට ඒ භික්ෂූන් වහන්සේලා දන් දීමට කැමති මේ භික්ෂුව ගැන කියා සිටියා. එවිට භාග්‍යවතුන් වහන්සේ ඒ භික්ෂුව කැඳවා 'හැබෑද භික්ෂුව... ඔබ නිතර දන්දීම පිණිස ම කැමැත්තෙන් පසුවෙනවා ය කියන්නේ?' යි අසා වදාළා. 'එහෙමයි භාග්‍යවතුන් වහන්ස' කියා ඒ භික්ෂුව පිළිතුරු දුන්නා. එතකොට භාග්‍යවතුන් වහන්සේ මෙය වදාළා.

"මහණෙනි, මේ භික්ෂුව පෙර සංසාරේ ඉතා ලෝභී ව සිටි, දයානුකම්පා නැතිව සිටි කෙනෙක්. දන්දීම ගැන කිසිම පැහැදීමක් තිබුණේ නෑ. තණ අගට ගත් තෙල් බිඳක් තරම්වත් දෙයක් කාටවත් ම දුන්නේ නෑ. එදා මං මොහුව දමනය කළා. මොහුගේ සිතේ තිබුණු මසුරුකම නමැති විෂ නැති කළා. දානයෙහි සිත පිහිටෙව්වා. එදා පටන් තමයි මොහුගේ සිත දානය පිණිස ම නැඹුරු වුණේ. භවාන්තර ගණනක් ගෙවී ගියත් එය සිතෙන් බැහැර නොවී පවතින ආකාරය යි දැන් ඔය පෙනෙන්නේ." කියා ඒ අතීත කථාව ගෙනහැර දක්වා වදාළා.

"මහණෙනි, ගොඩාක් ඉස්සර කාලේ බරණැස් පුරේ බ්‍රහ්මදත්ත නමින් රජකෙනෙක් රාජ්‍ය විචාරමින් හිටියා. ඒ කාලේ මහා බෝධිසත්වයෝ සිටුකුලයක උපන්නා. සිය පියාගේ ඇවෑමෙන් පසු ඔහු සිටු තනතුරට පත්වුණා. ඊට පස්සේ මේ අලුත් සිටුපදවිය ලත් සිටුතුමා

භාණ්ඩාගාරය හැර බැලුවා. 'බොහෝ ධන සම්පත් තියෙනවා නොවැ. ඒත් ඒ ධනය ඉපයූ කවුරුවත් දැන් ජීවතුන් අතර නෑ. ඔවුන් ඒ සියලු ධනය මෙහි දමා ගොහින්. මං මේ ධනය වියදම් කොට දන් දෙන්ට ඕනෑ ය' යන අදහස ඒ බෝසත් සිතෙහි හටගත්තා. දානශාලාවක් කෙරෙව්වා. දිවි තිබෙන තුරා දිනපතා ම මහදන් පැවැත්තුවා. මරණාසන්න මොහොතේ තමන්ගේ පුත්‍රයා කැඳෙව්වා. 'පුත්‍රය... මං පටන්ගත් මේ දන්වැට සිඳින්ට නම් එපා' කියා අවවාද කොට කලුරිය කළා. තව්තිසාවෙහි සක්දෙව් රජ ව උපන්නා.

සිටුපුත්‍රයාට සිටුපදවිය ලැබුණා. ඔහුත් පියා වගේ ම දන්වැට පැවැත්තුවා. අවසන් මොහොතේ තම පුතු කැඳවා පියා තමන්ට අවවාද කළ ලෙසින් ම දන්වැට නොසිඳ පවත්වන්ට කියා අවවාද කොට මිය ගියා. චන්ද්‍ර දිව්‍යපුත්‍ර තනතුරෙහි උපන්නා. ඔහුගේ පුතාට සිටුපදවිය ලැබුණා. ඔහුත් දිගටම දන්වැට පැවැත්තුවා. මරණාසන්න මොහොතේ තම පුතු කැඳවා දන්වැට නොසිඳ පවත්වන්ට කියා අවවාද දී මරණින් මතු සූර්ය දිව්‍යපුත්‍ර තනතුරෙහි උපන්නා. ඔහුත් දිගටම දන්වැට පවත්වා සිය පුතුට එලෙසින් ම අවවාද දී මරණින් මතු මාතලී දිව්‍යපුත්‍ර තනතුරේ උපන්නා. ඔහුගේ පුතාත් පියා සේ ම දන්වැට දිගටම පැවැත්තුවා. මරණාසන්න මොහොතේ පුතු කැඳවා දන්වැට දිගට ම නොසිඳ පවත්වන්ට කියා අවවාද කොට මියගොස් පංචසිඛ ගාන්ධර්වපුත්‍ර තනතුරේ උපන්නා.

සයවැනිව සිටුතනතුර ලද අලුත් සිටුතුමා දානය ගැන කිසිම පැහැදීමක් තිබුණේ නෑ. ඔහුට සිතුණේ දන්දීම යනු හම්බ කරන දේ නිකරුණේ විනාශ කිරීමක් හැටියටයි. එනිසා ඔහු පියාගේ අවවාදය සිහිකළේ නෑ.

සිත දැඩියි. අකාරුණිකයි. මසුරු යි. ඔහු දානශාලාව කඩා ගිනි තිබ්බා. යාචකයන්ට ගහල පැන්නුවා. තණ අගින් ගත් තෙල් බිඳක් තරම් දෙයක්වත් කාටවත් ම දුන්නේ නෑ.

සක්දෙව් රජ බවට පත්ව සිටි ප්‍රධාන සිටුතුමා තමා විසින් මිනිස් ලොව පටන්ගත් දන්වැට තවමත් නොසිඳ පවත්වනවා ද කියා බලන්ට සිතුණා. එසේ බලද්දී තම පරපුරේ පස්වෙනියා දක්වා දන්වැට පවත්වා ඒ පින් බලයෙන් දෙවියන් අතර ඉපිද සිටින අයුරු දැක්කා. සයවැනි ව සිටුතනතුර ලද පුත්‍රයා දන්වැට වනසා දන්සැල් ගිනි තබා යාචකයන්ට පහර දී එළවා දමා ඇති බව දැක්කා. 'අහෝ... මේ පව්ටු තැනැත්තා මෙහෙම කටයුතු කළොත් ඊළඟ ආත්මේ දුගතියේ උපදින එක වළක්වන්ට නම් බෑ. මං මොහුව දමනය කොට දානයේ යහපත් විපාක පෙන්වන්ට ඕනෑ' කියා සිතුවා.

ඊට පස්සේ සක්දෙව් රජ චන්ද්‍ර, සූරිය, මාතලී, පංචසිඛ යන මේ දෙව්පුතුන් රැස්කොට මෙහෙම කිව්වා. "පින්වත් දරුවෙනි, බලව. ආං... තොපගේ බිළාරකෝසිය සිටුවරයා කළ වැඩේ. එයැයි තමා අප පරපුරේ සයවැනියා. අප ඉතා ශ්‍රද්ධාවෙන් පටන් ගත් දන්වැට නසා, දාන ශාලාව ගිනි තබා, යාචකයින්ට පහර දී එළවා දමා දුගතියට පාර කපාගන්නා සැටි බලව්. එව් දරුවෙනි, අපි යමු. බරණැසට ගොහින් මොහුව දමනය කරමු" යි කියා සියලු දෙනා ම තාපස වෙස් ගෙන බරණැස සිටුමැදුර අසළ පෙනී සිටියා.

ඒ අවස්ථාවේ බිළාරකෝසිය සිටුවරයා රාජෝපස්ථානයට ගොස් පැමිණ සත්වෙනි දොරකොටුවේ සිට නුවර වීදිය දෙස බලමින් සක්මන් කරමින් සිටියා.

එතකොට සක්දෙව්ඳු අනිත් දෙව්පුතුන්ට මෙය කීවා. "මම් පළමුව සිටු නිවසට යන්නම්. තොප මට පසුව පිළිවෙළින් එන්ට ඕනෑ." තාපසයා කෙලින් ම ගිහින් සිටුතුමා ඉදිරියේ සිටගෙන මෙය කීවා. "මහා සිටුවරය, භෝජන පිණිස ආවෙමි. මට දානය දුන මැනව."

"බ්‍රාහ්මණය, ඔහේට වැරදීමක්. දැන් මෙහි කලින් වගේ දන්සැල් නෑ. මෙහේ බත් නෑ. වෙන තැනකට යනවා..."

"හෝ... භවත් මහසිටුවර... බත් ඉල්ලාගෙන ආ බ්‍රාහ්මණයෙකුට අද මෙහි දානයක් ලැබෙන්නේ නැද්ද ඒ?"

"මේ... බමුණ... මං දැන් එකවරක් කීවා. මගේ ගෙයි දානය පිණිස උයාපු බතක්වත්, උයන්ට ලේස්ති කළ බතක්වත් නෑ. යනවා යන්ට මෙතනින්..."

"මහසිටුවර, මං එහෙනම් තොපට එක් ශ්ලෝකයක් කියන්නම්. හොඳින් අසන්ට."

"හභ්... මට ඔහේගේ ශ්ලෝකයෙන් වැඩක් නෑ. යනවා යන්ට... ඉන්ටෙපා මෙතන හිටගෙන."

එතකොට සක්දෙව්ඳු එය නෑසුනා වගේ සිට මේ ගාථා දෙක කීවා.

1. අහර නොපිසිනා - සත්පුරුෂ උතුමෝ පවා
සංසිඳුණු සිත් ඇතිව - පිඬුසිඟා ලත් බොජුන්
දානයක් පිණිස - කැමතිමයි පුදන්නට
එහෙත් කිම තා - අහර පිසිනා අයෙකුව සිටත්
දානයට කිසිවක් නොදෙයි - එය නුසුදුසු ය තා හට

2. අනුන්ට යමක් ලැබීම ගැන - අකැමැත්ත ය මසුරුකම
පිනට දහමට ඇති - කැප නොවීම ය ප්‍රමාදය
එලෙසින් ම ඔහු දානයත් නොදෙයි
එනමුදු පිනෙහි එල දන්නා නැණවතා
කැමති වී පිනට ම - නිතර දන්පැන් පුදයි

බිළාරකෝසිය සිටුවරයා තාපසයාගේ වචනය අසා සිට මෙහෙම කීවා. "හා... මක් කරන්ට ද? එහෙනම් කමෙක් නෑ. ගෙට ගොහින් වාඩි වී ඉන්නවා. මොනවාහරි ටිකක් ලැබේවි." එතකොට තාපස වෙස්ගත් සක්දෙවිඳු ගෙට ගොහින් ඒ ගාථාව ම කියමින් වාඩි වී උන්නා.

එසැණින් ම චන්ද්‍ර දිව්‍යපුත්‍රයාත් තවුසෙකුගේ වේශයෙන් ඇවිත් බත් ටිකක් ඉල්ලුවා. "මෙහෙ කොහෙද ඕයි තට බත්? යනවා යන්ට."

"මහසිටුවර... එහෙම කියන්ට එපා. ආන්න... ගෙයි බ්‍රාහ්මණයෙක් වාඩි වී ඉන්නේ. අද වේදපාඨ සජ්ඣායනයක් වගෙයි. මාත් ගොහින් වාඩිවෙන්ට ද?"

"නෑ... නෑ... එහෙම එකක් නෑ. ඔහෙට ආපසු යන්ට නොවැ කීවේ."

"මහසිටුවර... එසේ නම් මේ ශ්ලෝක දෙකත් අහන්ටකෝ."

3. මං අනුන්ට නිතර දානෙ දෙන්ට ගියොත්
මට ඉන්ට වෙන්නෙ කෑම බීම නැතුව නේද
මෙසේ සිතා මසුරුකමින් බියපත් වී -
දානෙ නොදෙයි නම්
ඒ මසුරා තමන්ගේ ම බඩගින්නට බිය වෙලා සිටිනවා
ඒ අනුවණයා මෙහි හෝ පරලොව - කොතැනකට ගියත්
අන්ත දිළින්දෙක් වෙලා දුකට ම පත්වෙනවා

4. දුරින් ම දුරුකළ යුත්තේ මසුරුකමයි එනිසා
මැඩගෙන ඒ මසුරු සිත දන්පැන් දිය යුතුමයි
සියලු සතුන් හට මෙලොවින් පරලොව ගියවිට
රැස්කළ පින ම යි තමහට එන්නේ පිහිටට

ඔහුගේ වචනයත් අසා ටික වේලාවක් නිශ්ශබ්ද ව සිටි බිළාරකෝසිය සිටුතුමා "හ්ම්... මොනා කරන්ට ද... එහෙනම් ඔහෙත් ගොහින් වාඩිවෙනවා. මක්කවත් ලැබෙන්නැතෑ." ටික වෙලාවයි ගියේ සූරිය දෙව්පුතුත් තවුස්වෙසින් ඇවිත් බත් ටිකක් දෙන්ට කියා ඉල්ලා සිටියා. ඔහුටත් නැතෙයි කියා ආපසු යවාගන්ට මහන්සි ගත්තා. හරි ගියේ නෑ. සූරිය දෙව්පුතු මේ ගාථා දෙක කිව්වා.

5. දුකසේ ම යි කළයුත්තේ දන්දීමේ පින
යුද්ධය දින්නා සේ මසුරුමල සිත මැඩගෙන
එනිසා දුකසේ කළයුතු දන්දීමේ පින
අසත්පුරුෂයෝ නොදනිත් දුන් අය උපදින තැන
ඔවුන්ට නම් එය දුරින් ම තියෙන ලොවකි වෙන

6. සත්පුරුෂයාත් අසත්පුරුෂයාත් මේ ලොවේ
මියගොස් පරලොව ගියවිට එකට හමු නොවේ
අසත්පුරුෂයෝ උපදින ලොව නරකය වේ
සත්පුරුෂයො උපදින තැන් තිබේ සුගතියේ

බිළාරකෝසිය සිටාණන්ට කරන්ට දෙයක් නැතිවුණා. ටික වෙලාවක් ඔහු දෙස බලා සිටියා. "හහ්... එහෙනම් ඔහෙත් ගොහින් අර බමුණන් ඉන්නා තැන ඉඳගන්නවා. මොනවහරි ටිකක් දෙන්ට බලමු." ටික වෙලාවකින් මාතලී දිව්‍යපුත්‍රයාත් තාපසයෙකුගේ වේශයෙන් ඇවිත් බත් ඉල්ලුවා. නැත යන වචනයයි ඔහුටත් ලැබුණේ.

එතකොට ඔහු මේ සත්වෙනි ගාථාව කිව්වා.

7. දානයෙ අනුසස් දන්නා නුවණැති අය මෙලොවේ
ගෙදර ටික දෙයක් තිබුණත් - එය දානෙට දෙන්නේ
අතමිට සරු අයට බොහෝ සම්පත් තිබුණත්
දානෙ දෙන්ට සිතක් නෑනෙ ඔවුන්ට ඇතිවෙන්නේ
පින් ඵල අදහාන කෙනා
හැන්දක් තරමින් නමුත් දානෙ ටිකක් දෙන්නේ
ලක්ෂ ගණන් වියදම් කොට -
තරගෙට දෙන බිලිපූදට වඩා
මේ දානය ම යි බොහෝ සැප විපාක දෙන්නේ

සිටුතුමා එයත් අසා සිටියා. "හෝ... මක් කරන්ට ද එහෙනම්... ගොහින් ආන්න අතන වාඩිවෙනවා" යි කීවා. තව ටික වේලාවකින් පංචසිඛ දෙව්පුතුත් තවුස් වෙසින් අවුත් දානය ඉල්ලුවා. 'නෑ නෑ මෙහෙ මොකුත් නෑ. යනව යන්ට' කියා සිටුතුමා කීවා.

"ඕ... එහෙම කොහොමෙයි යන්නේ. මේ ගෙදර බ්‍රාහ්මණයන් ලවා වේදපාඨ සජ්ඣායනාවක් තියෙනවා නොවැ. අර ඉන්නෙ... කෝකටත් සිටුතුමා මේ ගාථාව අහන්ටකෝ..." කියා අටවැනි ගාථාව කීවා.

8. සිල්වත් දිවියක් ගෙවමින් - කුලී වැඩපළක් කරමින්
අඹුදරුවන්ව ද රකිමින් - වසනා දුප්පත් මිනිසා
ගෙදර තියෙන ටික දෙයකින් -
සිල්වත් මහණ බමුණු පිරිස
අහර ටිකක් සොයා ගෙදර ආ විට -
දනින් පැනින් ඔවුන් පුදයි නම්
ඔහු ම ය දහමෙයි නිසි ලෙස හැසිරෙන්නේ

ලක්ෂ ගණන් වියදම් කොට -
මහ බිලිදෙන යාගවලට වඩා
මේ දිළින්දාගෙ දානෙ ස්වල්පය -
හැම අතින් ම උත්තම වන්නේ

මේ තවුසාගේ ගාථාවට සවන් දී සිටි සිටුතුමා කල්පනාවට වැටුණා. ලක්ෂ ගණන් වියදම් කොට කරන යාගය වටින්නේ නැත කීම මොහුට ප්‍රශ්නයක් වුණා. ඒ ගැන අසමින් බිළාරකෝසිය සිටු මේ ගාථාව පැවසුවා.

9. ලක්ෂ ගණන් වියදම් කොට කරනා -
ලොකු යාග තියෙනවා ලොවේ
එය බොහොම වටිනවා නොවේ ද?
දැහැමි දිළින්දාගෙ දානෙ තරම් -
එය නොවටින්නේ කෙසේද?
ලක්ෂ ගණන් වියදම් කොට දෙන දානෙට වඩා
එක ම දිළිඳු මිනිසාගේ දානය -
හැම උතුම් වන්නෙ කෙසේ දෝ?

එතකොට පංචසිඛ මේ ගාථාවෙන් පිළිතුරු දුන්නා.

10. වරදා සිත කය වචනය - පිහිටා මිසදිටුවෙහි
තලා පෙළා සතුන් මරා බිලි පූජා කොට
කඳුළු හෙළන මිනිස්සු එහි -
සිටිති තැතිඅරන් දඬුවමට
කොතරම් නම් වියදම් කොට -
දුන්නත් මහයාග එසේ
දහමේ හැසිරෙන දුප්පතාගෙ දානේ -
සියදහස් ගුණක් වටිනවා
ලක්ෂ ගණන් වියදම් කොට -
එවන් දාන දහසක් දුන්නත්

දැහැමි දිළින්දාගෙ දානය ම යි - හැම අතින් ම උත්තම වන්නේ

"හෝ... එහෙනම් ඔහෙත් ගොහින් ගෙයි ඉඳගෙන ඉන්නවා... මක්කහරි දෙන්ට බලමු." එතකොට තවුසාත් ගොහින් අනිත් බමුණන් වාඩිවී සිටි පෙළෙහි ම කෙළවරෙහි වාඩිවුණා.

බිළාරකෝසිය සිටුතුමා එක් දාසියක ඇමතුවා. "කෙල්ලේ... මෙහෙ වරෙං... මේ බමුණන්ට බොල් වී ඇන්න ඇවිත් නැළිය ගානේ දීපං."

එතකොට දාසී වී අරගෙන ආවා. "එහෙනම් මේවා ඇන්න ගොහින් කොහේදි හරි තම්බාගෙන කන්ට."

"එපා... අපි අමු ධාන්‍ය පිළිගන්නේ නෑ."

දාසිය ගිහින් සිටුතුමාට ඔවුන් වී පිළිගන්නේ නැත කියා දැනුම් දුන්නා. "එහෙනම් බමුණනන්ට හාල් දීපං." එතකොට ඈ සහල් ගෙනැවිත් පූජා කරන්ට සූදානම් වුනා. "නෑ... අපි නොපිසූ හාල් පිළිගන්නේ නෑ." සිටුතුමාට ඈය ගිහින් දැනුම් දුන්නා. "ඕ... ඒකත් එහෙමද? එහෙනම් ගොනුන්ට උයාපු බත් තියෙනවා නොවැ. ආං ඒවා බේසමකට දාගෙන ගොහින් උන්දැලාට දීපං." එතකොට ඈය ගොනුන්ට පිසූ බත බේසමකට දමාගෙන එතැනට ගියා. තවුසන් පස්දෙනාගේ තැටිවලට ගවයන්ගේ බත බෙදුවා. පස්දෙනා ම බත් ගුළිකොට මුඛයේ දමාගත්තා විතරයි. ඔවුන්ගේ ඇස්වල කළුඉංගිරියාව උඩට ගියා. ඇස් පෙරළී ගියා. සිහි නැතිව මළා වගේ එතැන ම වැටුණා. දාසී හොඳටම භය වුණා. සිටුතුමා ළඟට කෑගසාගෙන ගියා.

"අයියෝ ස්වාමී... හරි වැඩේ... බමුණන්ට ගවබත ගිලගන්ට බැරුව ආං මැරී වැටුණා."

"හප්පේ... ඒ මොකදෑ වුණේ? දැන් හරි ජංජාලයක් නොවැ. රට්ටු මට මොනා නොකියාවි ද? මේ පව්කාරයා සිව්මැලි බ්‍රාහ්මණයන්ට ගවබත් දුන්නා ය, එය ගිලගන්ට බැරිව මළා ය කියා මට විසුමක් වෙන්නෑ. ඕහ්... දැන් මොකදෑ කරන්නේ? කෙල්ලේ... හනිකට මෙහෙ වර... දැන් ම මෙහෙම කරපිය. ඔය තවුසන්ගේ තැටිවල බතුත් ඉක්මනින් ම අයින් කරපිය. දැන් ඔය බේසමේ ඇති ගවබතුත් ඉක්මනින් අයින් කරලා හිටං අපට කන්ට උයාපු නා නා අග්‍ර රස බොජුන් පුරවාගෙන ඇන්න වර."

එතකොට දාසිය හනිකට ගවබත් ටික අස්කොට ප්‍රණීත රස බොජුන් පිරවූ බේසම තවුසන් ඉදිරියේ තිබ්බා. බිළාරකෝසිය සිටුතුමා පාරේ යන මිනිසුන්ට කතා කළා.

"මේ... මෙහෙ වරෙල්ලා යාලුවනේ... මේ බලාපං... මං යස අගේට හදාපු ප්‍රණීත බත් වෑංජන් මේ බමුණන්ට දුන්නා. මුන්දැලාගේ ගිජුකමේ මහත බලාපං. තණ්හාසේ වැඩිකොමට ලොකු බත්ගුලි කටේ ඔබාගෙන ගිලගන්ට බැරුව මැරිලා ඉන්න හැටි. ඕං... දැනගනිල්ලා මයෙ අත වරද නෑ." එතකොට එතැනට බොහෝ ජනයා රැස්වුණා. මැරිලා වගේ සිටි පස්දෙනා ම නැගිට්ටා.

"පින්වත්නි, මේ සිටුවරයා බොරුකාරයෙක්. කිසි ලැජ්ජාවක් නැතුව බොරු කියනවා. මෙයැයිට හදාපු ප්‍රණීත භෝජන අපට කන්ට දුන්නාලු. නෑ... මේ බලන්ට මෙයා අපට දුන්නු භෝජන." කියා මුඛයේ තිබූ බත්පිඬු බිමට දැම්මා. "මේ... මේ තියෙන්නේ ගවයන්ට හදාපු බත්. දැන් මේ තැටිවල තිබුණේ ඒවා. අපි මැරිලා කියා

හිතාගෙන ඒවා අයින් කරලා ප්‍රණීත භෝජන පුරවා ජනයා රවට්ටන්ටයි යන්නේ. අපට නින්දා කොට ගැලවෙන්ටයි යන්නේ.”

තවුසන් මුඛයෙන් එළියට දැමූ ගවබත දුටු ජනයා ඇවිස්සුණා. “එම්බල සිටුවරය, තා තමුන්නේ කුලපරපුරෙන් දීගෙන ආ දන්වැට වැනසුවා. දානශාලාව ගිනි තිබ්බා. යාචකයන්ට පහර දී එළවා ගත්තා. මේ සුකුමාල බ්‍රාහ්මණයන්ට ගවබත් කන්ට දුන්නා. තා හිතාන ඉන්නේ පරලොව යද්දී මේ ගෙවල් දොරවල්, සිටුසම්පත් බෙල්ලේ එල්ලාගෙන යන්ට ද?”

එතකොට ප්‍රධාන තවුසා මහජනයාගෙන් ඇහුවා. “පින්වත්නි, ඔහේලා දන්නවා ද මේ සිටුගෙදර තියෙන වස්තුවේ සැබෑ අයිතිකාරයෝ කවුදැයි කියලා?”

“අනේ නෑ තාපසින්නාන්ස.”

“මේ නගරයේ අසවල් කාලයේ බරණැස් මහා සිටුවරයා කියා ඉතා ප්‍රසිද්ධ මහා දානපතියෙක් හිටියා. ඔහේලා අසා නැද්ද? එයැයි ආන්න අතන මහා දානශාලාවක් කරවා දිනපතා දුගී මගී යාචකාදීන්ට මහා දන් දුන්නා.”

“හරි හරි... අපට මතකයි අපේ අත්තම්මලා මුත්තලා අපට ඔය කතාව කිව්වා.”

“ඒ කවුද දන්නවාද? ඒ මම... දැන් සක්දෙවිඳු හැටියට මං ඉපදී ඉන්නේ. ඊළඟට මයෙ අවවාද අනුව දන්වැට පැවැත්වූ මා පුත්‍ර සිටුවරයා තමයි මේ ඉන්නේ. මෙයැයි චන්ද දිව්‍යපුත්‍රයා. එයැයිගේ පුත්‍ර සිටුතුමාත් පියාගේ

අවවාද අනුව දිගටම දන්වැට පැවැත්තුවා. අර ඉන්නේ එයැයි තමා. ඒ සූරිය දිව්‍යපුත්‍රයා. එයැයිගේ පුත්‍රයාත් දිගටම දන්වැට පැවැත්තුවා. මෙතන ඉන්නේ එයැයි තමා. ඒ මාතලී දිව්‍යපුත්‍රයා. එයැයිගේ පුත්‍රයාත් දන්වැට පැවැත්වූ පිනෙන් පංචසිඛ දෙව්පුතු ව උපන්නා. මේ කෙළවරේ ඉන්නේ එයැයි. එයැයි තමා මේ පව්කාරයාගේ පියා." කියා අවසන් වූ සැණින් මිනිස් වෙස් හැර අහසට පැන නැගී මහත් වූ තේජානුභාවයෙන් දිව්‍ය රූපයෙන් දිස්වුණා. ඒ දෙවියන්ගේ ආලෝකයෙන් මුළු නගරය ම බැබළී ගියා.

සක්දෙවිඳු අහසේ සිට ජනයා ඇමතුවා. "අපි දිව්‍ය සම්පත් හැර අද මෙහි ආවේ මේ පරපුරේ අන්තිමයා වන බිළාරකෝසිය නිසයි. මොහු බරපතල වරදක් කළා. මා පටන් ගත් දන්වැට නැසුවා. දන්සැල ගිනි තිබ්බා. යාචකයින්ට ගහලා පැන්නුවා. මෙහෙම ගියොත් මොහු නවතින්නේ නිරයේ. එය වළක්වන්ට හිතාගෙනයි අපි ආවේ." කියා දානයේ සැප විපාක කියමින් දහම් දෙසුවා.

බිළාරකෝසිය හොඳටම භය වුණා. බියෙන් වෙව්ලමින් වැඳගෙන මෙය කීවා. "අනේ දේවරාජයන් වහන්ස, අද පටන් මං හැදෙනවා හැදෙනවා ම යි. පුරාණ කුලසිරිත ආරක්ෂා කරනවා ම යි. මං අද පටන් බොන්ට ගත් ජලයේ පටන් මට ලැබෙන කිසිවක් අනුන්ට නොදී අනුභව කරන්නේ නෑ."

සක්දෙවිඳු ඔහුව සීලයේ පිහිටෙව්වා. දෙව්පුතුන් සිව්දෙනාත් සමග නොපෙනී ගියා. එතැන් පටන් බිළාරකෝසිය සිටුතුමා දිවි ඇති තුරු දන් දී මරණින් මතු තව්තිසාවෙහි උපන්නා.

මෙය වදාළ භාග්‍යවතුන් වහන්සේ "මහණෙනි, මේ භික්ෂුව පෙර ආත්මයේ මුල් කාලයේ දානයේ සැප විපාක ඇති බව පිළිගත්තේ නෑ. කාටවත් ම කිසිවක් ම දුන්නේ නෑ. එදා ම මං මොහු දමනය කළා. දානයේ සමාදන් කෙරෙව්වා. බලන්ට... ඒ පින හිතෙහි බැසගෙන ඇති අයුරු. එදා බිළාරකෝසිය සිටු ව සිටියේ මේ භික්ෂුව. චන්ද දෙව්පුතු ව සිටියේ අපගේ සාරිපුත්තයෝ. සූරිය දෙව්පුතු ව සිටියේ අපගේ මොග්ගල්ලානයෝ. මාතලී දෙව්පුතු ව සිටියේ අපගේ මහාකස්සප. පංචසිඛ ව සිටියේ අපගේ ආනන්දයෝ. සක්දෙවිඳු ව සිටියේ මම ය" කියා මේ බිළාරකෝසිය ජාතකය නිමවා වදාළා.

13. චක්කවාක ජාතකය

සෑහීමට පත්නොවුණු කපුටා ගැන කතාව

පින්වතුනේ, පින්වත් දරුවනේ,

මේ කතාවෙන් කියැවෙන්නේ ලැබෙන සිව්පසයට ගිජු ව වාසය කළ එක්තරා භික්ෂුවක් ගැනයි. ඒ භික්ෂුව තුළ තිබූ ගිජුකම සාංසාරික දෝෂයක්. පෙර ආත්මයක මොහු කපුටෙක් ව ඉපිද අධික ගිජුකමින් ජීවත් වුණා. ඒ කාලේ අප මහ බෝධිසත්වයෝ සක්වාලිහිණියෙක්. ඒ සක්වාලිහිණියා කපුටාට කෑදර නොවීම ගැන වැදගත් උපදෙස් දෙනවා. පුදුමය නම් ඒ කපුටා මේ ආත්මයේ සැවැත් නුවර මිනිසෙක් ව ඉපිද බුදුසසුනේ පැවිදි වීම යි. සසර පුරුද්දත් එසේ ම පිහිටියා. නමුත් මෙවර භාග්‍යවතුන් වහන්සේගෙන් බණ අසා අනාගාමී ඵලයට පත්වෙන්ට ඔහුට වාසනාව තිබුණා. බෝධිසත්වයන්ගෙන් සුළුවෙන් හෝ උපකාර ගත් කාටවත් වැරදුණේ නෑ. විමුක්තිසුඛභාගී වුණා.

ඒ දිනවල භාග්‍යවතුන් වහන්සේ වැඩවාසය කොට වදාළේ සැවැත් නුවර ජේතවනයේ. ඒ සිව්පසයට ගිජු භික්ෂුවත් වාසය කළේ ජේතවනයේ ම යි. ඔහුට මොනවා ලැබුණත් සෑහීමකට පත්වුණේ නෑ. සංඝදාන තියෙන්නේ කොහේද? ආරාධනා කොහේද? කියමින් දන්පින්කම් සොය සොයා යනවා. කතාබහක් කළත් කියන්නේ වැළඳූ

දෙයක්, පෙරවූ සිවුරක්, සිටිය කුටියක් ගැන වර්ණනාවක් පමණයි. දහම් කථාවක් නෑ. මේ භික්ෂුවට අනුකම්පා කළ අල්පේච්ඡ භික්ෂූන් වහන්සේලා භාග්‍යවතුන් වහන්සේට මොහු ගැන සැළකළා. භාග්‍යවතුන් වහන්සේ ඒ භික්ෂුව කැඳවා ඇත්තක් ද කියා විමසා වදාළා.

"එහෙමයි භාග්‍යවතුන් වහන්ස. මා අතින් ඒ අඩුපාඩු සිදුවුණා." භාග්‍යවතුන් වහන්සේ මෙය වදාළා.

"භික්ෂුව, මෙය නිවන් අවබෝධය සලසාලන ශාසනයක්. ඉතින් මෙවැනි විමුක්ති සයුරක පැවිදි වූ තොප ඇයි මේ ළාමක සිව්පසයට ගිජු ව වාසය කරන්නේ? කලින් ආත්මෙකත් ඔය ගිජුබව නිසා බරණැස තිබුණු ඇත්කුණප ආදියෙන් සෑහීමකට පත් නොවී ප්‍රණීත කෑම සොයමින් මහවනයටත් පිවිසුණා නොවැ" කියා මේ අතීත කථාව ගෙනහැර දක්වා වදාළා.

ගොඩාක් ඉස්සර කාලේ බරණැස් පුරේ බ්‍රහ්මදත්ත නම් රජ්ජුරු කෙනෙක් රාජ්‍ය විචාළා. ඔය කාලේ එක්තරා කපුටෙක් බරණැස වාසය කළා. ඔහු මියගිය ඇත්කුණප ආදිය කමින් වාසය කළත් සෑහීමකට පත්නොවී වනයේ රසවත් කෑම ජාති ඇත කියා සිතා ඒවත් කා බලන්ට ඕනෑය යන අදහසින් මහවනයට ගියා. නමුත් වනයේ කෑම ගැන කපුටා සතුටු වුණේ නෑ. ඊළඟට එතැනින් ගංගා නදිය අසළට ගියා. නදිය අසබඩ හැසිරෙමින් සිටියා. එතකොට ඔහුට ගංගා නදිය අසබඩ වසන අලංකාර සක්වාලිහිණි යුවළක් දකින්ට ලැබුණා. දැක මෙහෙම සිතුවා. 'හප්පේ... මේ කුරුල්ලා නම් අතිශයින් ම හැඩකාරයි නොවැ. හැබෑම ලස්සනයි. මං හිතන්නේ මේ ගංගා නදී තෙරේ හොඳට කන්ට බොන්ට මස් මාළු

ලැබෙනවා ඇති. මාත් මේ ඇත්තන්ගෙන් දැනගන්ට ඕනෑ කන බොන දේ. එතකොට මටත් ඒවා කා බී ඇඟපතට හැඩකාර පෙනුමක් ගන්ට ඇහැකි' යි සිතා ඔවුන්ට නුදුරෙන් සිට සක්වාලිහිණියාගෙන් මෙය අසමින් ගාථා දෙකක් කිව්වා.

1. හොඳට වැඩුණු සිරුරු ඇතිව -
   ලස්සන හොඳ පෙනුම ඇතිව
   රතු කොරපොතු පයෙහි වැඩී -
   මූණ කටත් හරිම ලස්සනයි
   සක්වාලිහිණිය තොප නම් - ඉතාමත්ම ලස්සනයි

2. සත්තකින් ම යාලුව මට නම් -
   තොප ගැන මෙයයි සිතෙන්නේ
   තෙප්පිලි, ලූල්ලු හා මගුරෝ -
   මුංජ මාළු, රෝහිත මාළුත්
   මේ රසවත් මාළු වර්ග කමින් -
   ගංතෙර තොප ඉතා සැපෙන් ඉන්නේ

එතකොට සක්වාලිහිණියා කපුටාගේ කතාවට එකඟ වුණේ නෑ. ඔහුගේ කතාව වැරදි බව පවසමින් මේ ගාථාවෙන් පිළිතුරු දුන්නා.

3. කැලයේ බොහො සතුන් ඉන්නවා -
   ගඟෙත් හොඳට මාළු ඉන්නවා
   අපි කවුරුත් නෑ ඒ කිසිවක් කන්නේ -
   මෙය මැනවින් අසන් මිතුර
   සෙවල වර්ගත් කොළ වර්ගත් විතරමයි -
   අපි නම් බොජුනට ගන්නේ

කපුටාට එය අදහාගන්ට බැරි කරුණක් වුණා. ඔහු

විශ්වාස කළේ ම නෑ. මේ ගාථාවෙන් සක්වාලිහිණියාට පිළිතුරු දුන්නා.

4. නෑ කොහෙත්ම එය වෙන්ට බෑ -
විශ්වාසෙට ගන්ට අමාරුයි
සක්වාලිහිණියන්ගෙ බොජුන් -
ඒව කියා මා පිළිගන්නෑ
මිතුර මං පවා කන්නේ -
ලුණුට තෙලට ගමේ හදන දේවල් නොවැ

5. මිනිසුන් හට රසට උයපු -
මස් මාළු සහිත කෑම තියෙනවා
එවැනි කෑම කෑවත් මං - තොපගේ සිරුරේ දිස්වෙන
ලස්සන නම් මයෙ සිරුරේ -
අහලකවත් දකින්ට නැත්තේ
සක්වාලිහිණි මිතුරේ -
මේ වෙනස වුනේ ඇයි ද කියන්ට

කපුටාගේ මේ කතාව වැරදි බවත්, කපුටා විරූපී වී ඇත්තේ ගන්නා කෑම බීමේ දෝෂයක් නිසා නොව පිරිහීගිය ගතිගුණ නිසා බවත් පෙන්නමින් දහම් දෙසුමක ආකාරයෙන් සක්වාලිහිණියා මේ ගාථාවන් පැවසුවා.

6. මිතුර කපුට තගේ සිතේ - අනුන් කෙරෙහි උපන්
වෛරී කල්පනා තියෙනවා -
මිනිසුන්ටත් හිංසා කොට වසනවා
අනුන්ව භයකොට තොප -
ඔවුන්ගෙ කෑම පැහැර ගන්නවා
එනිසයි තොප හට මෙතරම් -
විරූපි කයක් ලැබී තියෙන්නේ

7. කපුට තොපේ පව් වැඩ ගැන -
හැම දෙනා ම දන්නවා
එනිසා ලොව කොයි කවුරුත් -
තොපට එරෙහි වෙනවා
ලැබුණු දෙයක් අනුභව කොට -
එයින් සතුටු වන සිතක්
තොපට නැති නිසාමයි -
ඔය විරූපි සිරුර තියෙන්නේ

8. මාත් ඉතින් කා බී සැපසේ ජීවත් වෙනවානේ
මගෙන් කිසිම සතෙකුට නම් දුක් පීඩා නැනේ
කාටවත් ම හිංසා පීඩා කරදර නොකොට
සැක සංකා ඇති නොකොට - මාත් සෝක නොකොට
කොයි ලෙසිනුත් භයක් නැතිව - සැපෙන් ඉන්නවානේ

9. තොපත් තමන්ගේ පිරිහුණු - දුසිල් ගතිය හැරදමා
යහපත් දිවියක් ගෙවන්ට - ගත්තෝතින් සිතට වීරිය
හිංසාවක් නොකොට කාටවත් -
යහපත් ලෙස ජීවත් වෙන්ට
එහෙම කළොත් මං වගේම -
මේ ලෝකේ හැම දෙනාට
තොපවත් ප්‍රිය මනාප වේවි

10. සතුන් නොමර සිටියි නම් යමෙක් -
අනුන් ලවා නොමරවයි නම්
අන් සතු දේ සොරකම් නොකරයි නම් -
අනුන් ලවා නොකරවයි නම්
හැම දෙනා ගැන ඔහුගේ සිතේ -
මෙත් සිතයි පවතින්නේ

වෛරය නම් කිසි අයුරකින් -
ඔහු තුළ නෑ ම යි උපදින්නේ

සක්වාලිහිණියා මේ විදිහට කපුටාට දම් දෙසුවා. එතකොට කපුටා "නෑ... මට හිතෙන්නේ ඔහේලා තමන්ගේ ඇත්ත භෝජන ගැන විස්තරේ මට කීවේ නැත කියලයි" කියා 'කාක් කාක්' යැයි කෑගසමින් අහසට පියඹා බරණැස මිනිසුන්ගේ අසුචි දමන වැසිකිළි භූමියට බැස්සා.

භාග්‍යවතුන් වහන්සේ මේ ජාතකය නිමවා චතුරාර්ය සත්‍ය ධර්මය වදාළා. ඒ දේශනාව අවසානයේ සිව්පසට ගිජු ව සිටි භික්ෂුව කාමතණ්හාව ප්‍රහාණය කරමින් අනාගාමී ඵලයට පත්වුණා. "මහණෙනි, එදා ආහාරයට ගිජුව සිටි කපුටා ව සිටියේ මේ භික්ෂුවයි. සක්වාලිහිණි කිරිල්ලිය වී සිටියේ රාහුලමාතාවෝ. සක්වාලිහිණියා ව සිටියේ මම ය" කියා මේ චක්කවාක ජාතකය නිමවා වදාළා.

14. භූරිපඤ්ඤ ජාතකය

මේ ජාතකය උම්මග්ග ජාතකයෙහි ඇතුළත් ව පැමිණෙන්නේය.

15. මහා මංගල ජාතකය

මංගල කරුණු කියූ බෝසත් තවුසාගේ කතාව

පින්වතුනේ, පින්වත් දරුවනේ,

මහා මංගල සූත්‍රය අපි කවුරුත් කුඩා අවදියේ පටන් අසා ඇති ඉතා මනරම් ධර්මයකි. තුන් සූත්‍රයේ පළමු දෙසුම මහා මංගල සූත්‍රය යි. භාග්‍යවතුන් වහන්සේ විසින් වදාළ ඒ මංගල සූත්‍රය පිළිබඳව දම්සභා මණ්ඩපයේ ඇතිවූ කතාවකදී මේ ජාතකය වදාළා.

ඒ දිනවල අපගේ භාග්‍යවතුන් වහන්සේ වැඩවාසය කොට වදාළේ සැවැත් නුවර ජේතවනයේ. ඒ කාලයේ රජගහ නුවර වැසියෝ කිසියම් කරුණකට රැස්වීම් ශාලාවේ රැස්ව හුන්නා. එහි සිටි එක්තරා මිනිසෙක් 'අද මට මංගල කරුණක් තියේ ය' කියා නැගිට ගියා. එතකොට තව අයෙකුට ඔහුගේ වචනය ඇසුණා. "අර මනුස්සයා ගියේ මංගල කාරණයක් තියේ ය කියලයි. මොකක්ද හැබෑට ඔහුගේ මංගල කරුණ..?"

"එයැයි කියන්ට ඇත්තේ ඇහැට පේන ඉතාම සුභ දර්ශනයන් ගැන වෙන්ට ඇති. ඒවාට නොවැ මංගල කියන්නේ. ඇතැම් අය උදයේ ම නැගිට මුළු සර්වාංගෙ ම සුදෝසුදු වෘෂභයෙකු දිහා බලනවා. ඒක තමයි එයැයිගේ මංගල දැක්ම. තවත් අය ගර්භනී ස්ත්‍රියක් දෙස බලනවා.

තව සමහරු පොකුණක් දිහා බලනවා. රෝහිත මත්ස්‍යයා දිහා බලනවා. පිරුණු දිය කළය දෙස බලනවා. ගිතෙල් හෝ කිරිබත් දෙස බලනවා. එහෙමත් නැත්නම් අලුත් ම වස්ත්‍ර, අලුත් ම මුදල් දෙස බලනවා. ඒවාට නොවැ 'මංගල' කියන්නේ. ඔයිට වඩා උතුම් මංගල කරුණු නෑ."

එතකොට එතන සිටිය ඇතැම් අය එය හරි ය කියා අනුමත කරමින් හිස සැලුවා. සමහරු ඒ අදහසට විරුද්ධ ව කතා කළා. "එහෙම වෙන්නේ කොහොමෙයි..? ඒවා මංගල කරුණු වෙන්ට බෑ. මංගල කරුණක් නම් එය කනට ඇසෙන දෙයක් වෙන්ට ඕනෑ. කාටහරි අහන්ට ලැබෙනවා නම් 'මේ ලබන වසර කිරියෙන් පැණියෙන් ඉතිරේවා!' එහෙමත් නැත්නම් 'ඔබ දියුණුවට පත්වේවා! රිසි සේ කන්ට බොන්ට ලැබේවා! ආයු බොහෝ වේවා!' ආදී වචන, ඒවාට මංගල කරුණු කීවාට කමක් නෑ. මංගල කරුණු වෙන කොහිද?"

සමහරු හිස සලා අනුමත කළා. නමුත් ඇතැම් අය එයට විරුද්ධ ව කතා කළා. "නෑ නෑ... යමක් ඇසූ පමණින් කොහොමෙයි එය මංගල කරුණක් වෙන්නේ? අපේ අදහස ඒක නෙවෙයි. කවුරුහරි හිමිදිරියේ අවදි ව මේ මහපොළොව අතින් ස්පර්ශ කරනවා. එහෙමත් නැත්නම් තිල්තණ අතින් ස්පර්ශ කරනවා. එහෙමත් නැත්නම් අමුගොම, පිරිසිදු සළුවක්, පිරිසිදු දියකළයක්, අලුත් මුදල්, රන් රිදී මුතු මැණික් ආදිය අතින් ස්පර්ශ කරනවා. ඒකට නම් මංගල කරුණු කීම හරි. වෙන මංගල කරුණු තියෙන්ට බෑ."

මේ විදිහට සුභ දෙයක් දැකීම දිට්ඨමංගල වශයෙනුත්, සුභ වචනයක් ඇසීම සුතමංගල වශයෙනුත්, සුභ වස්තුවක්

අතින් ස්පර්ශ කොට පිරිමැදීම මුතමංගල වශයෙනුත් ගෙන එකිනෙකා වාද කරන්ට පටන් ගත්තා. තම තමන්ගේ අදහස නිවැරදි ය කියා ඔප්පු කරන්ට මහන්සි ගත්තා. කාටවත් ම පොදු එකඟතාවකට පත්වෙන්ට බැරිවුණා.

මිනිසුන්ගේ අදහස්වලට අනුව පොළොවවාසී දෙවිවරු යම් යම් දෘෂ්ටි ගත්තා. කොටින් ම පොළොවවාසී දෙවියන්ගේ පටන් බඹලොව දක්වා කිසිවෙකුටත් මංගල කරුණු මෙය ය කියා සත්‍ය ලෙස දැනගන්ට හැකියාවක් තිබුණේ නෑ.

සක්දෙවිඳු පවා මේ ගැන සිතන්ට පටන් ගත්තා. 'මංගල කරුණු මොනවාද යන ප්‍රශ්නය දෙවියන් සහිත ලෝකයෙහි රැව්දෙනවා. භාග්‍යවතුන් වහන්සේ හැර ලොවේ වෙන කිසිවෙක් එයට හරි පිළිතුරක් දෙන්ට සමර්ථ නෑ. එහෙයින් මම මේ ගැන භාග්‍යවතුන් වහන්සේගෙන් අහන්ට ඕනෑ.' කියා සිතා එක්තරා රැයක මුළු දෙව්රම බබුළුවාගෙන පැමිණ භාග්‍යවතුන් වහන්සේට වන්දනා කොට අභිමුඛයෙහි එකත්පස් ව සිටගෙන 'බහූ දේවා මනුස්සා ච මංගලානි අචින්තයුං' යන ගාථාවෙන් බොහෝ දෙව් මිනිසුන් මංගල කරුණු මොනවාදැයි සිතූ බවත් දෙව් මිනිස් ලෝකයාට හිතසුව පිණිස මංගල කරුණු පහදා වදාරණ සේක්වා! යි කියා භාග්‍යවතුන් වහන්සේගෙන් ඉල්ලා සිටියා. එතකොට අපගේ භාග්‍යවතුන් වහන්සේ ගාථා දොළොසකින් යුක්ත කොට තිස් අටක් වූ මංගල කරුණු දෙව් මිනිසුන්ගේ හිතසුව පිණිස පහදා දී වදාළා.

අපගේ භාග්‍යවතුන් වහන්සේ වදාළ මංගල කරුණු නුවණින් විමසූ කෝටි සියයක් පමණ දෙවිවරු එදා රහත්

ඵලයට පත්වුණා. සෝවාන් ආදී මගඵල ලැබූවන්ගේ ගණන කිව නොහැකි තරම්. එදා අපගේ භාග්‍යවතුන් වහන්සේ ඉතා යහපත් ලෙස මංගල කරුණු වදාළ සේකැයි කියා දෙවියන් සහිත ලෝකයා සාදුනාද දුන්නා.

ජේතවනයෙහි දම්සභා මණ්ඩපයේ රැස්වූ භික්ෂූන් වහන්සේලා භාග්‍යවතුන් වහන්සේගේ ගුණ කියමින් සිටියා. "අනේ බලන්ට ඇවැත්නි, අපගේ භාග්‍යවතුන් වහන්සේ මොනතරම් අසිරිමත් ද! ලෝකයේ වෙන කිසිවෙකුටත් විෂය නොවන මංගල කරුණු පිළිබඳ ප්‍රශ්නය ඉතා ම ලස්සනට පහදා දුන්නා. සකල ලෝකයා ම මහා සතුටට පත්වුණා. සැක සංකා නැතුව ගියා. මංගල කරුණු මොනවාද කියා අහසේ සඳමඬල වගේ ලොවට දිස්වුණා. භාග්‍යවතුන් වහන්සේගේ නුවණ හරි පුදුමයි." කියමින් කතා කරමින් සිටියා.

දම්සභා මණ්ඩපයට වැඩමවා වදාළ භාග්‍යවතුන් වහන්සේට භික්ෂූන් වහන්සේලා තමන් කතා කරමින් සිටිය කරුණ සැළකොට සිටියා. "මහණෙනි, දැන් සම්මා සම්බුද්ධත්වයට පත් මා හට මංගල කරුණු විසඳා දීම අසිරිමත් දෙයක් නොවේ. පෙර ආත්මයේ බෝසත් ව හැසිරෙන කාලයේ දෙව් මිනිසුන් තුළ මංගල කරුණු පිළිබඳව ප්‍රශ්න නැඟීම නැතිකොට ඔවුන්ගේ සැක දුරුකොට පහදා දුන්නා ය කියා මේ අතීත කථාව ගෙනහැර දක්වා වදාළා.

ගොඩාක් ඈත අතීතයේ බරණැස් පුරයේ බ්‍රහ්මදත්ත නම් රජකෙනෙක් රාජ්‍ය විචාරමින් සිටියා. ඒ කාලයේ අප මහබෝධිසත්වයෝ එක්තරා ධනවත් බමුණු පවුලක

උපන්නා. ඒ ආත්මයේ බෝසතුන්ට නම ලැබුණේ 'රක්ඛිත කුමාරයා' යන නාමය යි.

ඔහු වයස මෝරාගිය විට තක්ෂිලාවට ගොස් ශිල්ප හදාරා යළි නිවසට පැමිණ අඹුදරුවන් තනාගෙන ජීවත් වුණා. මව්පියන්ගේ ඇවෑමෙන් පසු තමන්ට හිමි වූ මහා ධනස්කන්ධය දන් දී ගිහි ජීවිතය අත්හැරියා. හිමාලයට ගොස් පැවිදි වුණා. ධ්‍යාන අභිඥා සමාපත්ති ආදිය උපදවාගෙන වාසය කළා. කැලෑවේ එලවැල ආදිය පමණක් ආහාරයට ගනිමින් එක්තරා පෙදෙසක වාසය කළා. මේ තවුසා හට ක්‍රමයෙන් පන්සියයක පමණ ශිෂ්‍ය පිරිසක් ඇතිවුණා.

දවසක් ඒ පන්සීයක් අතවැසි තවුසෝ අප මහබෝසත් තවුසා වැඳ "භවත් ආචාර්යපාදයෙනි, වස් කාලෙන් පසු අපේ අදහස හිමාල වනයෙන් පහළට බසින්ට යි. ලුණු ඇඹුල් සෙවීම පිණිස ජනපද චාරිකාවෙහි හැසිරෙන්ට අපි කැමතියි. එයින් ශරීරයට පහසුවකුත් ඇතිවෙනවා. සක්මන් විහරණයත් ලැබෙනවා" කියා දන්වා සිටියා.

"එහෙනම් ඔහේලා චාරිකාවේ යන්ට. මං නම් මෙහි ම නවතිනවා." කියා මහබෝසත් තවුසා පිළිතුරු දී හිමාල වන අසපුවේ ම නැවතුණා. ඔවුන් චාරිකාවේ පිටත් ව ක්‍රමයෙන් නොයෙක් ජනපද පසුකොට බරණැසට පැමිණියා. බරණැස් රජ්ජුරුවන්ගේ රාජවනෝද්‍යානයේ ලැගුම් ගත්තා. ඔවුන්ට මහා සත්කාර සම්මාන ලැබුණා.

දවසක් බරණැස් නුවර ප්‍රධාන රැස්වීම් ශාලාවේ රැස්වූ මිනිසුන් අතර රජගහ නුවර රැස්වීමේදී මංගල කරුණු පිළිබඳව වාදයක් හටගත්තා වගේ ලොකු මංගල ප්‍රශ්නයක් ඇතිවුණා. එය සැබෑවට ම තෝරා බේරා පහදා

දෙන්ට දන්නා කවුරුවත් ම ඔවුන් අතර සිටියේ නෑ. එතකොට ඒ ගැන රජතුමා මෙහෙම කීවා.

"හරි... දැන් ඔහේලට වැටහෙනවා ඇති අපි කාටවත් ම මේ මංගල ප්‍රශ්නයට හරි විදිහට සිත පහදින උත්තරයක් දීගන්ට බැරි වග. මේ දවස්වල හිමාල වනයේ ඉඳලා තාපසින්නාන්සේලා ඇවිදින් අපේ වනෝද්‍යානයේ වාසය කරනවා. අපි ගොහින් උන්නාන්සේලාගෙන් මෙය අසමු." කියා රජ්ජුරුවෝ ප්‍රධාන මහජනයා තපස්වරු සොයාගෙන උයනට ගියා. ගොහින් වන්දනා කොට තමන්ට ඇති වූ මංගල ප්‍රශ්නය ගැන පවසා නිවැරදි මංගල කරුණු මොනවාදැයි අසා සිටියා.

එතකොට තපස්වරු රජ්ජුරුවන්ට මෙය කීවා. "මහරජතුමනි, ඔය කාරණයේ හරි විස්තරේ කියන්ට අපිටවත් තේරුමක් නෑ. නමුත් අපේ ආචාර්යපාද රක්ඛිත තාපසයෝ නම් මහා ප්‍රඥාවන්තයි. උන්නාන්සේ වැඩඉන්නේ හිමාලයේ. දෙවියන් සහිත ලෝකයාගේ සිත පහදින අයුරින් මංගල ප්‍රශ්නය විසඳා පහදා දෙන්ට උන්නාන්සේට නම් හොඳහැටි සමර්ථකම තියෙනවා."

"අනේ ඒ වුණාට තාපසින්නාන්ස, උන්වහන්සේ වැඩඉන්නේ දුර ඈත හිමාලේ නොවැ. අපිට එහෙ යන්ට පුළුවන්කමක් නෑ. තමුන්නාන්සේලා නැවත හිමාලයට වැඩියවිට ඒ ආචාර්යපාදෝත්තමයාගෙන් මංගල ප්‍රශ්නය අසන්ට. ආචාර්යපාදයෝ දෙන පිළිතුරු හොඳින් ඉගෙන ගන්ට. නැවත මෙහි වැඩලා අපටත් කියාදෙන්ට. එතකොට එය අපට බොහෝ උපකාර වේවි."

තාපසවරු රජ්ජුරුවන්නේ අදහසට කැමති වුණා. නැවතත් පිළිවෙළින් චාරිකාවේ වඩිමින් ආපසු හිමාලයට

ගියා. ගොහින් රක්ඛිත මහා තාපසයන්ට වන්දනා කොට රජුගේ ධාර්මික බවත් පවසා මංගල ප්‍රශ්නය ගැනත් මුල පටන් ම පැහැදිලි කළා.

"අනේ ස්වාමීනී, මේ මංගල ප්‍රශ්නය අපට පහදාදෙන සේක්වා!" යි රක්ඛිත තාපසයන්ගෙන් ඉල්ලා සිටියා. එහිදී වැඩිමල් ශිෂ්‍ය තාපසයා සිය ආචාර්යපාදයන්ගෙන් මංගල ප්‍රශ්නය අසමින් මේ පළමු ගාථාව පැවසුවා.

1. මංගල කරුණු කිමැයි - දැන් හැමෝම විමසනවා
   ගුරුදෙවිඳුනි එය -
   පහදා දුන්නොත් සෙත සැලසෙනවා
   ඍග් යජුර් ශාම නමින් - වේද තුනක් තියෙනවා
   එයින් කුමන වේදයක් ද - කවර දෙයක් ඇසීමෙන් ද
   කෙනෙකුගෙ මේ ලොව පරලොව -
   යහපත සැලසෙන්නේ
   කුමක් කරන මිනිසාදෝ - මංගල කරුණු සදන්නේ

එතකොට මහා බෝසත් රක්ඛිත තවුසා මංගල ප්‍රශ්නය විසඳාලමින් ඉතා අලංකාර අයුරින් අර්ථ මතුකොට මේ ගාථාවන් පැවසුවා.

2. ලොවේ සිටින දෙවියන්ටත් - බඹලොව බඹ පිරිසටත්
   සෙත් පතමින් සර්පයන්ට - අනෙක් සියලු සත හටත්
   හැම කල හැම ලෙසට ම - ලොවේ දස දිසාවටත්
   මෙත් සිත පතුරුවමින් -
   හැම දෙනාට සෙත සලසයි නම්
   ඒ මෙත් සිතටයි - මංගල කරුණ කියා කිව යුත්තේ

3. හැම අතින් ම යටහත් වූ -
   මුදු සිතකින් කෙනෙක් ඉන්නවා

ගෑණු පිරිමි දූපුත් හැම -
ඔහුට කොතෙක් නපුරු බස් කීවත් ඉවසනවා
එකටෙක නොකරන කිසිදා -
ඔහු හැමවිට යහපත් වචන ම පවසනවා
තමහට සෙත සලසන ඒ ඉවසීමට -
මංගල කරුණ කියා පවසනවා

4. තමා උපන් කුලෙන් උගත්කමින් -
ළඟ තිබෙනා වස්තු සම්පතින්
පිරිස් මැදදි අනුන් හෙළා -
දකින්නෙ නෑ තමා හුවාදක්වමින්
කළයුතු වැඩ ඇතිවිට -
ප්‍රඥාවෙන් වැඩ කරයි එය ම පිහිට කොට
මිතුරන් හට සෙත සලසන -
නුවණැතිකමයි තිබෙන මංගල කරුණ

5. යමෙකුට මිතුරන් වශයෙන් -
සිටිත් ද ලොව සත්පුරුෂ නෑණැතියෝ
නිවසට එන ඔවුන් සමග -
නිරතුරු රැකගනියි ද විශ්වාසය
සත්පුරුෂයන්ට මිත්‍රද්‍රෝහී නොවී -
දන් පුදයි ද ගරු කොට
ඒ මිත්‍රද්‍රෝහී නැතිකම -
සෙත සදනා මංගල කරුණකි ලොවේ

6. සැමියෙකුගේ යම් බිරිඳක් -
හැම දෙනාට සළකයි ද සම මෙතින්
සිල්වත් වී දහමේ හැසිරෙමින් -
ලැබදෙයි නම් පින් ඇති දූපුතුන්

පති භක්තිය ඇති කම්මැලි නැති -
හැමට සෙත සදයි නම්
ඒ පින්වත් ළඳ නම් -
සැමියාටත් දරුවන්ටත් මංගල කරුණකි

7. යම් ජනකායක නායක රජෙක් සිටියි නම් -
කිත් පැසසුම් මැද
දැඩි ලෙස කැපවීමෙන් ඔහු -
නීතිගරුක වී රට හසුරුවයි ද නිබඳ
මහජනයා මගේ යැයි සිතා -
ඔවුන් නොබිඳ සුහදව සෙත සලසයි ද
රජුන් අතරෙ මේ රජහට -
මංගල කරුණ කියා කියන්ට සුදුසු ය

8. පින් පව්වල සැප දුක් දෙන විපාක ඇති බව
ඇත්තක් බව විශ්වාසෙට රැගෙන ඉන්න කෙනා
සිතේ උපන් සැදැහැයෙන් ම -
දන් පැන් දෙයි ගරු ලෙසිනා
කළ පින් අනුමෝදන් වෙන -
පහන් සිතෙන් යුතුව වසයි ද තුටිනා
ඔහු හට මෙය මංගල කරුණකි -
සුගති ලොවට උපත සලසනා

9. දහම් මගෙහි හැසිර හොඳින් දිවි ගෙවනා අය
සලසා ගනියි ද ඒ තුළින් දියුණුව
දැමුණු සිතෙන් යුතු ඔවුන් සියලු සතුන් වෙත
මෙත් පතුරුවයි ද නිරතුරු
බොහො දහම් අසා ඉන්නා සිල්වත් තාපසවරු
සරු පිළිවෙත් ඇතිව හැසිරෙයි ද ධර්මයේ

නිවන ලබන මංගල කරුණකි මෙය -
සැප සලසන්නේය දෙලොවට

මෙසේ මහබෝධිසත්වයෝ ගාථා අටකින් මංගල කරුණු පෙළගස්වා ඒ සියලු මංගල කරුණුවලට ස්තුති ප්‍රශංසා කරමින් අවසන් ගාථාව ලෙස මෙය පැවසුවා.

10. මේවා නම් සැබෑවට ම - මංගල කරුණු වේ ලොවේ
මුළු ලොවට ම මේ තුළින් - සලසයි සෙත සුවේ
මේ මඟුල් කරුණු නුවණැත්තෝ -
හැම කල්හි පසසතී
මේවා යමෙක් හොඳින් පුරුදු කළෝතින් -
දියුණුව සැදී යයි සොඳින්
සත්‍යයට වඩා වෙනත් උතුම් -
මංගලයක් නැත්තේය මේ ලොවේ

රක්ඛිත තවුසාගේ ශිෂ්‍ය තවුසෝ මංගල කරුණු මේ අයුරින් ඔහුගෙන් අසා දැනගත්තා. හත් අට දවසක් ආචාර්යපාදයන් සෙවණේ ගතකොට නැවතත් බරණැසට ගියා. ගොහින් රජතුමා මුණගැසී තමන්ගේ ආචාර්යපාදයන් කියූ ලෙසින් ම රජතුමාට මංගල කරුණු කියාදුන්නා. යළි හිමවත බලා පිටත් වුණා. එතැන් පටන් ලෝකයට සැබෑ ම මංගල කරුණු මේවා බව දැනගන්ට ලැබුණා. මෙතෙක් කල් දිට්ඨමංගල, සුතමංගල, මුතමංගල වශයෙන් අදහාගෙන සිටි මිථ්‍යා විශ්වාස අත්හැරියා. මේ මංගල කරුණු හොඳින් පුරුදු පුහුණු කළා. එසේ මංගල කරුණු පුරුදු කළ යමෙක් මිය ගියා නම් ඒ අය දෙවියන් අතර උපන්නා. බෝධිසත්වයෝත් බෝසතුන්ගේ අවවාද අනුව කටයුතු කළ තාපසවරුත් බ්‍රහ්මවිහාර භාවනාව

වඩා ධ්‍යාන උපදවාගෙන වාසය කොට මරණින් මතු බඹලොව උපන්නා.

"මහණෙනි, මෙකල පමණක් නොව මා බෝසත් අවදියේත් මංගල කරුණු පහදා දුන්නා" කියා මේ ජාතකය වදාළා. "මහණෙනි, එදා තාපසවරු වෙලා සිටියේ මහාශ්‍රාවක බුදුපිරිස. ඔවුන් අතර සිටි ප්‍රධාන අතවැසි තවුසා ව සිටියේ අපගේ සාරිපුත්තයෝ. ඔවුන්ගේ ආචාර්යපාද රක්ඛිත තාපස ව සිටියේ මම ය" කියා මේ ජාතකය නිමවා වදාළා.

16. ඝතපණ්ඩිත ජාතකය
ඝත පණ්ඩිතයන්ගේ කතාව

පින්වතුනේ, පින්වත් දරුවනේ,

මේ ජාතක කතාවෙන් පැහැදිලි වන්නේ සසරේ ඇති ළාමක ස්වභාවය යි. මෙය දේශනා කරන්ට හේතු වූයේ සැවැත් නුවර වැසි එක්තරා උපාසකයෙක් සෝකයෙන් පීඩිත ව සිටීම නිසා ය. මේ උපාසකගේ එක ම පුත්‍රයා මියගියා. උහුලාගත නොහැකි පුත්‍ර ශෝකයෙන් යුතු මොහු ගෙදර කිසි කටයුත්තක් නොකොට, කෑම බීමවත් නොගෙන, ස්නානය කිරීමවත් නොකොට ශෝකයෙන් සුසුම් හෙළමින් වාසය කළා. භාග්‍යවතුන් වහන්සේ මොහුගේ නිවසට වැඩම කොට මහත් ශෝකයෙන් පීඩිත ව සිටින උපාසකට මෙය වදාළා. "උපාසක, පෙර සිටිය නුවණැත්තෝ නුවණැත්තන්ගේ අවවාද කථා අසා දරු ශෝකය නිවාගෙන ශෝක රහිත ව විසුවා නොවැ" කියා වදාළා. "අනේ ස්වාමීනී, පෙර සිටි නුවණැත්තෝ දරු වියෝගයෙන් උපන් දුක දුරුකොට වාසය කළ අයුරු කියාදෙන සේක්වා!" යි භාග්‍යවතුන් වහන්සේගෙන් ඉල්ලා සිටියා. භාග්‍යවතුන් වහන්සේ ඒ අවස්ථාවේ මේ ඝත ජාතකය වදාළා.

ගොඩාක් ඉස්සර කාලේ උත්තරාපථයෙහි කංසභෝග ජනපදයේ අසිතංජන නගරයේ මහාකංස නමින්

රජකෙනෙක් රාජ්‍ය විචාළා. මේ රජ්ජුරුවන්ට කංස හා උපකංස නමින් පුත්කුමාරවරු දෙන්නෙක් සිටියා. දේවගබ්භා නමින් දූකුමරියකුත් සිටියා. ඇය උපන් දා නිමිති කියන බ්‍රාහ්මණවරු මෙය කීවා.

"මහරජ, මේ කුමරියගේ එක් කුසින් උපදින පුත්‍රයෙක් කංස ගෝත්‍රයත් කංස පරම්පරාවත් වනසා දමනවා."

මේ රජතුමා දේවගබ්භා දූකුමරියට ගොඩක් ආදරෙයි. නිමිතිකරුවන්ගේ වදන් ඇසූ පමණින් ඇගේ ජීවිතය නසන්ටත් බෑ. අනාගතයේ සහෝදර කුමාරවරු මැයගේ ප්‍රශ්නය විසඳාගනීවී යි සිතා නිශ්ශබ්ද ව කුමරිය ඇතිදැඩි කළා. මහාකංස රජ්ජුරුවෝ කලුරිය කළාට පසු කංස කුමාරයා රජබවට පත්වුණා. උපකංස යුවරාජ පදවියට පත්වුණා. මේ දෙන්නා සිය නැගණිය ගැන රහසේ කථා කළා.

"ඉදින් අපි නැගණිය මැරුවොත් එය අපට මහා නින්දාවක් වෙනවා. ඇය කිසිවෙකුටත් සරණ පාවා නොදී අස්වාමිකව ඉන්ට සැලසීම ම යි හොඳ. එනිසා අපි ඇයව එක්ටැම් ගෙයක රඳවා හොඳින් සලකමු. එතකොට ඇය නිසා අපට අනතුරක් වෙන්ට ඇති ඉඩකඩ නැතුව යනවා."

ටික දවසකදී ඇය වෙනුවෙන් එක්ටැම් මාළිගයක් සැදුණා. නන්දගෝපා නමැති ස්ත්‍රියක් ඇයගේ උපස්ථායිකාව කළා. අන්ධකවෙණ්හු නමැති දාසපුරුෂයා තමයි නන්දගෝපාගේ සැමියා. ඔහුව රැකවල්කරු හැටියට පත්කළා.

ඒ කාලයේ උතුරු මධුරා පුරයෙහි මහාසාගර නමින් රජෙක් රාජ්‍ය විචාරමින් සිටියා. ඒ රජුටත් සාගර හා

උපසාගර නමින් පුත් කුමාරවරු දෙන්නෙක් උන්නා. මහාසාගර රජුගේ ඇවෑමෙන් සාගර කුමරු රජවුණා. උපසාගරට යුවරාජ පදවිය ලැබුණා. උපසාගර යුවරජු උපකංස යුවරජුගේ යහළුවෙක්. දෙන්නා ම එක ම ආචාර්ය කුලයෙහි එකට ශිල්ප ශාස්ත්‍ර හදාළේ. මේ උපසාගර යුවරජ සාගර රජුගේ අන්තඃපුර ස්ත්‍රීන් හා රහසේ අයථා සම්බන්ධකම් පැවැත්තුවා. අන්තඃපුර ස්ත්‍රීන් දූෂණය කරන්නා අල්ලන්ට නියම කළ විට එය කරන්නේ උපසාගර යුවරජු බව දැනගත්තා. උපසාගර මධුරා පුරයෙන් පලාගියා. කෙලින් ම උපකංස යුවරජු සමීපයට ගියා. උපකංස යුවරජු කැඳවාගෙන ගොස් කංස රජුට හඳුන්වා දුන්නා. කංස රජු ඔහුටත් මහත් යස පිරිවර දුන්නා.

දවසක් උපසාගර කුමාරයා රාජෝපස්ථානයට යන අතරේ දේවගබ්භා කුමරියගේ මාලිගය පිහිටි එක්ටැම් ගෙය දකින්ට ලැබුණා. මෙය කවුරු වාසය කරන ප්‍රාසාදයක් දැයි ඇසූවිට දේවගබ්භා කුමරිය සිරකොට ඇති තැන ය කියා දැනගන්ට ලැබුණා. එතකොට උපසාගර කුමාරයාට දේවගබ්භා කුමරිය නොදැක ම ඇය පිළිබඳ සිතක් හටගත්තා. දිනක් දේවගබ්භා කුමරියටත් උපකංස යුවරජු සමග උපසාගර කුමරු රාජෝපස්ථානයට යනවා දකින්ට ලැබුණා. මොහු කවරෙක් දැයි ඇසූවිට නන්දගෝපා කියා සිටියේ ඔහු මහාසාගර රජුගේ උපසාගර නමැති රාජපුත්‍රයා බව යි. එතකොට ඈ තුළත් ඔහු කෙරෙහි පිළිබඳ සිතක් හටගත්තා.

උපසාගර කුමරු නන්දගෝපාට අල්ලස් දී "අනේ... සහෝදරී... උඹට ඉතින් ඇහැකි නම් මට දේවගබ්භා කුමරිය කොහොම හරි මුණගස්සවාපං..."

"ස්වාමී... අපට ඒක බැරිකොමක් නෑ. පුළුවනි." කියා දේවගබ්භාට කාරණය දැනුම් දුන්නා. ඈ කොහොමත් හිටියේ උපසාගර ගැන සිත සිතා. ඉතින් ඈ එකපයින් කැමති වුණා. නන්දගෝපා දාසිය හොරෙන් සංඥා ලබාදී උපසාගරව ඉතාම රහසේ එක් රාත්‍රියක එක්ටැම් ප්‍රාසාදයට ගෙන්වා ගත්තා. එතැන් පටන් මේ දෙන්නාගේ ප්‍රේම සම්බන්ධය බොහෝ දුර දිග ගියා.

ටික කලක් යන විට දේවගබ්භා කුමරිය ගැබ් ගෙන ඉන්නවා කියා කංස රජ්ජුරුවන්ට දැනගන්ට ලැබුණා. කංස රජුත් උපකංස රජුත් නන්දගෝපා කැඳවා විමසුවා. ඇය හොඳටම භය වුණා. ජීවිතදානය ඉල්ලා අඬමින් සියලු තොරතුරු හෙළිකළා. "ඕහ්... එහෙනම් ඔහොමයි වුණේ ඒ? දැන් ඉතින් කරන්ට දෙයක් නෑ. එක ම සොයුරිය නසන්ටත් බෑ. එහෙනම් අපි මෙහෙම කරමු. ඈ පුතෙක් වැදුවොත් මරා දමමු. දුවක් නම් කමෙක් නෑ." කියා දේවගබ්භා කුමරිය උපසාගරට ම සරණපාවා දුන්නා.

පිරිපුන් ගැබ ඇති ඕ දූකුමරියක බිහිකළා. කංස රජුටත් උපකංසටත් හරි සතුටුයි. ඒ සිඟිති කුමරියට අංජනා දේවී කියා නම තිබ්බා. ඊට පස්සේ ඔවුන්ට ගෝවඩ්ඪමාන නමැති මහගම්මානය පවරා දුන්නා. උපසාගරත් දේවගබ්භා කුමරිය රැගෙන ගෝවඩ්ඪමාන ගමේ පදිංචියට ගියා. දේවගබ්භා නැවතත් ගැබ් ගත් දා ම නන්දගෝපාත් ගැබ් ගත්තා. මෙවර ඈ පුතෙක් බිහිකළා. නන්දගෝපා දුවක් බිහිකළා. එතකොට පුතුගේ ජීවිතයට හානි වේ ය යන භයෙන් දේවගබ්භා රහසේ ම පුතුව නන්දගෝපාට භාර දී දියණිය තමා වෙතට ගෙන්වා ගත්තා.

දේවගබ්භා කුමරිය තවත් දරුවෙක් බිහිකළ බව කංස රජුට දැනගන්ට ලැබුණා. දුවක් ද පුතෙක් දැයි

විමසූ විට දූවක කියා දැන 'එහෙනම් ඈව හොඳින් ඇතිදැඩි කරන්ට' කියා කීවා. ඒ උපක්‍රමයෙන් දේවගබ්භා තමන් බිහිකළ පුත්කුමාරවරු දස දෙනා ම රැකගත්තා. නන්දගෝපා දියණිවරු දහයක් ම බිහිකළා. දැන් පුතුන් වැඩෙන්නේ නන්දගෝපා ළඟ. දියණිවරුන් වැඩෙන්නේ දේවගබ්භා ළඟ. කාටවත් ම නොදැනෙන්ට මේ රහස දිගටම පවත්වන්ට ඔවුන් දක්ෂ වුණා.

දේවගබ්භාගේ වැඩිමහල් පුත් කුමරාගේ නම වාසුදේව. දෙවෙනියා බලදේව. තුන්වෙනියා චන්දදේව. සිව්වෙනියා සුරියදේව. පස්වෙනියා අග්ගිදේව. සයවෙනියා වරුණදේව. සත්වෙනියා අර්ජුන. අටවෙනියා පර්ජන. නවවෙනියා ඝත පණ්ඩිත. දසවෙනියා අංකුර. මේ පුත් කුමාරවරු ප්‍රසිද්ධ වුනේ නන්දගෝපාගේ සැමියා වන අන්ධවෙණ්හු දාසයාගේ පුත්‍ර දසබෑයෝ කියා ය.

කලක් යද්දී ඔවුන් ඉතාම ශක්ති සම්පන්න හැඩිදැඩි පුරුෂයන් බවට පත්වුණා. සැරපරුෂ ගති ඇති ඔවුන් සොරකම් කරන්ට පටන් ගත්තා. කොටින් ම රජ්ජුරුවන්ට යවන තෑගිභෝග පවා පැහැරගත්තා. මිනිසුන් රාජාංගනයට රැස්ව කංස රජු බැහැදැක මේ කරදරය පැමිණිලි කළා. "අනේ දේවයන් වහන්ස, අන්ධකවෙණ්හු දාසයාගේ පුත්‍ර දසබෑයෝ මේ රට මංකොල්ල කනවා. මේ උවදුරෙන් අපව බේරාදෙන්ට" කියා හඬගා කීවා. රජ්ජුරුවෝ අන්ධකවෙණ්හුව කැඳෙව්වා. "ඇයි තගේ පුත්‍රයෝ මංකොල්ල කන්නේ. මින් පස්සේ මෙවැනි තක්කඩිකම් කළොත් බලාගං දෙන දඬුවම්" කියා තර්ජනය කළා. එහෙත් ඔවුන්ගේ සොරකම නැවතුණේ නෑ. දෙවනුවත් තෙවනුවත් තර්ජනය කළා. ඒත් හරිගියේ නෑ. සිව්වෙනිව අන්ධවෙණ්හුව කැඳෙව්වා.

ඔහු මරණභයට පත්වුණා. හඬ හඬා අභයදානය ඉල්ලමින් ඇත්ත කථාව කියා සිටියා. "අනේ දේවයන් වහන්ස, මේ ගැත්තාගේ පණකෙන්ද රැකදෙන සේක්වා! එයාලා මගේ දරුවෝ නොවේ. උපසාගර කුමාරයාගේ දරුවෝ. ක්ෂත්‍රිය රජකුමාරවරු."

එතකොට කංස රජු ඔහුව පිටත් කරවා බියෙන් තැතිගෙන ඇමතිවරු රැස්කොට මේ ගැන සාකච්ඡා කළා.

"ඇමතිවරුනි, නිමිත්තකාරයෝ කියූ දේ ම නොවැ වෙන්ට යන්නේ. මොකාක් හරි උපායකින් අපි මේකුන්ව අල්ලාගන්ට ඕනෑ."

"රජතුමනි, දැනගන්ට ලැබුණු කරුණු අනුව ඒ කුමාරවරු මල්ලවශූරයෝ. ඔවුන් මල්ලවපොරවලට හරි කැමතියි. අපි නගරයේ මල්ලවපොර සන්දර්ශනයක් තියමු. තියලා හිටං ඔවුන්ව මල්ලවපොර භූමියට කැඳවා එතැනදී ම අල්ලා මරමු."

"හෝ... ඒක නම් යස අදහස!" කියා කංස රජ්ජුරුවොත් එයට එකඟ වුණා. චානුර හා මුට්ඨික නමින් ඉතා ප්‍රසිද්ධ මල්ලවශූරයෝ දෙදෙනෙක් හිටියා. රජ්ජුරුවෝ මල්ලවපොර සන්දර්ශනයට ඔවුන්ව කැඳෙව්වා. තව සතියකින් මල්ලවපොර සන්දර්ශනයක් පැවැත්වේ ය කියා නගරයේ සෑම තැන ම අණබෙර හැසිරෙව්වා.

රජගෙදර ඉදිරියේ අංගණයේ මල්ලවපොර භූමිය පිළියෙළ කළා. ඒ භූමියේ මල්ලවපොර දක්වන අයව අන් අයට පේන අයුරින් රවුමට පිළියෙල කළා. ලස්සනට සැරසුවා. ධජ පතාක එසෙව්වා. මුළු නගරය ම මල්ලවපොර සන්දර්ශනය නරඹනු රිසියෙන් කැළඹී

ගියා. ඇඳන් පිට ඇඳන් තබා මිනිසුන් පොර කකා රැස්වුණා. චානූර, මුට්ඨික යන මල්ලවශූරයෝ දෙන්නා මල්ලවපොර භූමියට ඇවිත් එකිනෙකා ගර්ජනා කරමින් අත්පුඩි ගසමින් හැසිරෙන්ට පටන් ගත්තා. මල්ලවපොර සන්දර්ශනය දසබෑයන්ටත් ආරංචි වුණා. ඔවුන් මුලින් ම රෙදි සෝදන මිනිසුන්ගේ වීදියට ගොසින් අලංකාර රෙදි පැහැරගෙන ඒවා හැඳගත්තා. සුවඳසැල් වීදියට ගොසින් සුවඳ පැහැරගෙන ඒවා ගත තවරා ගත්තා. මල් වීදියට ගොස් මල් පැහැරගෙන මල් මාලා ගෙලේ දමාගත්තා. හැම අතින් ම අත්පොළසන් හඬ ඇසෙද්දී එකිනෙකා ගර්ජන කරනු ඇසෙද්දී ඔවුනුත් මල්ලවපොර භූමියට පිවිසුණා.

ඒ වෙලාවේ චානූර අත්පුඩි ගසමින් "මල්ලවපොර අල්ලන්ට ඇහැක් එවුන් සිටිත් නම් දැන් වර..." කියා මල්ලවපොර භූමියේ හැසිරෙනවා. බලදේව කුමාරයා චානූර දෙස බලා සිටියා. 'මං මේකාව අතින් ස්පර්ශ නොකොට ම ඉවරයක් කරනවා.' කියා සිතා ඇත්හළෙන් ලොකු ඇත්කඹයක් ගෙනැවිත් තම අතින් එය රවුමට වළලු ගස්වා චානූර දෙසට දමාගැසුවා. එයින් ඔහුගේ කුස වෙළී ගියා. ඒ කඹේ කෙළවර දෙක එකට එකතු කොට කිටි කිටියේ වෙළා හිසට උඩින් ඔහුව කැරකෙව්වා. කරකවා පොළොවේ ගසා මල්ලවපොර භූමියෙන් පිටතට වීසි කළා. චානූර එතැන ම මැරුණා.

කංස රජ්ජුරුවෝ එතකොට මුට්ඨික මල්ලයාට බලදේවට පාඩමක් උගන්වාපං කියා අණ කළා. ඔහු උඩ පැන රවුමට කරණමක් ගසා ගර්ජනය කොට තෝ දැන් වර කියා අත්පුඩි ගසා කතා කළා. එතකොට බලදේව මුට්ඨික මල්ල අල්ලා ඇට කුඩු වෙන්ට තැලුවා. 'අපි

මල්ලවයෝ අපි මල්ලවයෝ කියා නොවැ ඔහේලා කෑගැසුවේ. හරි මල්ලවයෝ ද නැද්ද කියා බලමු' කියා එක්වර ම අතින් ඇද පොළොවේ ගැසුවා. ඔහු එතැන ම මැරුණා. එතකොට ඔහුවත් මල්ලවපොර භූමියෙන් ඉවතට වීසිකළා.

මුට්ඨික මල්ලයා මියගිය සැණින් යක්ෂයෙක් වී උපන්නා. මේකාව මං කනවා ම යි කියා බලදේව ගැන දැඩි පැතුමක් ඇතිකරගත්තා. ඔහු යක්ෂ ආත්මයේ උපන්නේ කාලමත්තික නමැති වනාන්තරයේ. එදා ම මල්ලවපොර භූමියේ සිටි වාසුදේව කුමාරයා තමා ළඟ තිබූ චක්‍රායුධයෙන් කංස රජුටත් උපකංස යුවරජුටත් පහර දුන්නා. එක පහරින් ම දෙන්නාගේ හිස ගැලවී වැටුණා. භීතියට පත් මහජනයා 'අනේ අපට පිහිට වෙන්ට' කියා දසබෑයන්ගේ පාමුල වැඳවැටුණා.

මේ විදිහට දසබෑයන් තමන්ගේ මාමලා දෙන්නා මරවා අසිතංජන නගරයේ රාජ්‍යය අල්ලාගත්තා. උපසාගර දේවගබ්භා යන මාපියන්ව කැඳවාගෙන ඇවිත් එහි වාසය කෙරෙව්වා. අපි මුළු දඹදිව ම අල්ලා ගන්ට ඕනෑ ය කියා ඔවුන් ඒ නගරයෙන් නික්ම ගියා. අනුක්‍රමයෙන් කාලසේන රජුට නිවාස වූ අයෝධ්‍යා නගරයට ගියා. ඒ නගරය වටා තිබූ රුක් සිඳ ප්‍රාකාරය බිඳ නගරයට ඇතුල් වුණා. ඒ රාජ්‍යයත් තමන් සතු වුණා. ඊළඟට ද්වාරවතී නුවරට පැමිණියා. ද්වාරවතී නුවර එක් පසෙක මහසයුර. අනෙක් පසින් පර්වත. ඒ නගරය රකිනු ලැබුවේ අමනුෂ්‍යයන් විසින්.

ද්වාරවතිය රැකගනිමින් සිටි යක්ෂයා යම් හෙයකින් සතුරන් ඇවිත් වටකොට සිටින වග දුටුවොත් සැණෙකින්

කොටලු වේශයක් ගන්නවා. මහා කොටලු හඬින් නාද කරනවා. එසැණින් මුළු ද්වාරවතී නගරය ම අහසට පැන නැගී මුහුද මැද එක්තරා දූපතක පිහිටනවා. මේ හේතුව නිසා ද්වාරවතිය සතුරන්ට අල්ලන්ට බෑ. සතුරන් ගිය විට නගරය නැවතත් තිබූ තැන ම පිහිටනවා. එදා දසබෑයන් ද්වාරවතී නගරය අල්ලන්ට ආ බව යක්ෂයා දැනගත්තා. කොටළු වෙසින් නාද කළා. එසැණින් ම නගරය අහසට පැන නැගී මුහුද මැද දූපතෙහි පිහිටියා. දසබෑයන් නගරය නොදැක ආපසු හැරී සිටි තැනට ම ආවා.

නැවතත් ඔවුන් නගරය අල්ලන්ට ආවා. නැවතත් කොටළුවා නාද කළා. නගරය නොපෙනී ගියා. ද්වාරවතී නගරය අනික් නගර මෙන් අල්ලන්ට බැරි බව දසබෑයන්ට වැටහුණා. එතකොට ඔවුන් කණ්හදීපායන ඍෂිවරයා බැහැදකින්ට ගියා. ගොහින් වන්දනා කොට "ස්වාමීනී, අපට ද්වාරවතී රාජ්‍යය ගන්ට බෑ නොවැ. ඒ සඳහා අපට උපායක් කිව මැනව" කියා ඉල්ලා සිටියා.

"දරුවෙනි, දියඅගලට පිටින් අසවල් තැන කොටළුවෙක් ඉන්නවා. සතුරන් දුටුගමන් ඔහු නාද කරනවා. එතකොට නගරය අහසට නැගී නොපෙනී යනවා. නුඹලා ගොහින් ඒ සතාගේ පාවලින් අල්ලාග නිව්. මේක තමයි නගරය නවත්තාගන්ට තියෙන උපාය."

දසබෑයෝ තවුසා වැඳ කොටලුවා ළඟට ගොස් පා මත වැඳ වැටී "ස්වාමී... තමුන්නාන්සේ හැර මේ කාරණයේදී අපට පිහිට වෙන්ට අනිකෙක් නෑ. අපි නගරය අල්ලන්ට එද්දී අනේ කෑගසන්ට නම් එපා."

"එහෙම කොහොමෙයි... මට කෑ නොගසා ඉන්ට පුළුවන්කමෙක් නෑ. හැබැයි නුඹලා සතර දෙනෙක් යකඩ

නගුල් ඇන්න එන්ට ඕනෑ. ඊට පස්සේ සතර වාහල්දොරටුව ළඟ ලොකු යකඩ කණු සතරකුත් සිටුවන්ට ඕනෑ. නගරය උඩට නැගෙනකොට නගුල්වලට බැඳගත් යකඩ දම්වැල්වලින් අර යකඩ කණු සතරේ ගැටගසන්ට ඕනෑ. එතකොට නගරයට උඩට නැගෙන්ට බැරුව යනවා."

ඔවුන් ඒ උපායට සතුටු වුණා. කොටලුවා හඬන්ට කලින් යකඩ නගුල් සතරක් ගෙන සතර වාසල්දොරටු අසළ උල් සහිත යකඩ කණු සිටුවා බලා සිටියා. එතකොට ම කොටලුවා හඬන්ට පටන් ගත්තා. නගරය උඩට ඉස්සෙන්ට පටන් ගත්තා. සතර දොරටු අසළ සිටි සතර දෙනා යකඩ නගුල් සතර ගෙන එයට ගැසගසා තිබුණු යකඩ දම්වැල් වහා කණුවල බැන්දා. නගරයට උඩට නැගෙන්ට බැරුව ගියා. දසබෑයෝ ද්වාරවතියට ඇතුළු වුණා. රජු මරා රාජ්‍යය අයිති කරගත්තා.

මේ විදිහට ඔවුන් සකල ජම්බුද්වීපයෙහි සැටතුන්දහසක් නගරවල සියලු රජවරුන්ව චක්‍රායුධයෙන් විනාශ කළා. ද්වාරවතියෙහි වාසය කරමින් දඹදිව් රාජ්‍යය දසකොටසකට බෙදුවා. ඔවුන්ගේ සොයුරිය වන අංජනා දේවිය සිහිපත් වුනේ නෑ. පස්සේ නැවත කොටස් එකොළොසකට බෙදමු කියා කතාවුනා. එතකොට අංකුර කුමාරයා මෙහෙම කිව්වා.

"නෑ... මයෙ කොටස ඇයට දෙන්ට. මං වෙළඳාම් කොට ජීවත් වෙන්ට කැමතියි. ඔයාලා තමන්ගේ ජනපදවලින් මගේ ව්‍යාපාර බදු ගැනීමෙන් නිදහස් කළාම මට ඒ ඇති."

ඔවුන් එයට කැමති වුණා. අංකුරගේ කොටස අංජන දේවියට ලැබුණා. ඉතිරි නවබෑ රජවරු ද්වාරවතියේ වාසය කළා. අංකුර වෙළඳාම් කළා.

මේ විදිහට එකිනෙකා අඹුදරුවන් සාදාගනිමින් කලක් ගත කළා. උපසාගර පියාත් දේවගබ්භා මවත් කලුරිය කළා. ඒ කාලේ මිනිසුන්ට වසර විසිදහසක ආයු තිබුණා. ද්වාරවතියේ වාසුදේව මහරජුගේ එක ම පුත් කුමරා හදිසියේ කලුරිය කළා. වාසුදේව රජුට මෙය දරාගත නොහැකි සෝක දුකක් උපදවා දුන්නා. ඔහු සිය රාජකාරි අත්හැරියා. ඇඳවිට්ටම අල්ලාගෙන හඬ හඬා වැතිරී සිටියා.

එතකොට සත පණ්ඩිතයෝ මෙහෙම කල්පනා කළා. 'මං හැර මගේ සොයුරාගේ සෝක දුක නැතිකරන්ට සමත් කවුරුත් නෑ. කිසියම් උපායකින් මොහුගේ සෝක දුක් නැතිකරන්ට ඕනෑ' යි සිතා උමතු වෙස් ගත්තා.

"අනේ මගේ සාවා ගෙනත් දීපං. අනේ මගේ සාවා ගෙනත් දීපං." කිය කියා අහස දෙස බලමින් මුළු ද්වාරවතී නුවර ම ඇවිදින්ට පටන් ගත්තා. 'අහෝ අපගේ සත පණ්ඩිතයෝ උමතු වුණා නොවැ' කියා මුළු නුවර ම කැළඹී ගියා. එතකොට රෝහණෙය්‍ය නමැති ඇමතියා වාසුදේව රජු ළඟට දුවගෙන ගොහින් ඔහුට කතා කරමින් මේ පළමු ගාථාව කීවා.

1. කණ්හායන ගෝත්‍රයේ මහරජුනේ
සුන්දර කෙස් ඇති කේසව රජුනේ
නැගිටින්ට හනිකට - දැන් තොප හට නිදීමෙන්
සිදුවන්නේ කවර සෙතක් දෝ
අන්න තොපේ හදවත වැනි - දකුණු ඇස වැනි
සහෝදර රජා උතුම් සත පණ්ඩිතයා හට
හදට අපස්මාරය බැසලා - උමතු බවට පත්වෙලා
සාවා දියව් දියව් කියනවා

එය ඇසූ වාසුදේව මහරජුට ඇස් ඇරුණා. වහා ඇඳෙන් නැගිට්ටා. මහත් කලබලයට පත්වුණා.

2. ඒ රෝහණෙයය ඇමතියාගෙ -
කලබල වදන් ඇසීමෙන්
වාසුදේව නමැති කේසර - ඇස් ඇර වහා නැගිට්ටා
අයියෝ මගේ ඝත පණ්ඩිතයන්ට -
කුමක්ද මේ වුණේ කියා
සිය හදෙහි උපන් ශෝකයෙන් - ඔහු වෙතට දිව ගියා

වාසුදේව රජ්ජුරුවෝ ප්‍රාසාදයෙන් බැස ඝත පණ්ඩිතයන් ළඟට වේගයෙන් දිවගොස් ඔහුව අත් දෙකින් දැඩිව අල්ලාගත්තා. ඔහුගෙන් මෙසේ ඇසුවා.

3. අනේ මගේ ඝත පණ්ඩිත - ඔයාට මොකද මේ වුණේ
කොහොමද මේ තරම් ම - සිත උමතු වී ගියේ
ද්වාරවතී නුවර පුරා ඇවිද ඇවිද යමින්
සාවා මට දියව්, සාවා මට දියව් කියා -
මහහඬ නගමින්
ඇයි ද හඬන්නේ? - කවුද සාවා පැහැරගෙන ගියේ?

රජ්ජුරුවෝ මෙහෙම කියද්දීත් ඝත පණ්ඩිතයාගෙන් පිළිතුරක් ලැබුණේ නෑ. නැවත නැවතත් සාවා දියව් කියන වචනය දිගටම කියමින් සිටියා. එතකොට රජ්ජුරුවෝ මේ ගාථා දෙක කීවා.

4. රතින් වුවත් කම් නැතේ -
මැණිකෙන් රිදියෙන් වුව කම් නැතේ
සංඛසිලා පබළුවලින් වුවත් කම් නැතේ -
ඒ ඕනම දේකින්
මං තොප වෙනුවෙන් සාවෙකු කරවා දෙන්නම්

5. වනන්තරේ ගොදුරු කකා ඉන්නව නොවැ සාවෝ
   ඒ සාවුන් වුණත් අල්ලා ගෙනැවිත් දෙන්නම්
   අනේ මගේ සත පණ්ඩිතයෝ - අපට දැන් ම කියන්ට
   මොන විදිහේ හාවෙක් - ඔයා ලබන්ට සතුටු ද?

එතකොට සත පණ්ඩිතයෝ මේ ගාථාවෙන් පිළිතුරු දුන්නා.

6. මේ පොළොවේ ඉන්නා එක හාවෙක්වත් එපා මට එපා
   ඒ කිසිම හාවෙකුට මාගේ කැමැත්තක් නැතේ
   ආං බලන් හඳේ ඉන්න හරි ලස්සන හාවා
   කේස රජුනි මට ඕනෑ හඳේ ඉන්න හාවා
   අනේ හඳේ ඉන්න හාවා මට ගෙනැවිත් දෙන්ට

සත පණ්ඩිතයන්ගේ මේ ගාථාව ඇසූ රජතුමා තවත් දුකට පත්වුණා. 'අයියෝ මගේ සහෝදරයා ගැන දැන් නම් සැකයක් නෑ. හොඳටම උමතුව වැඩිවෙලා වගේ.' යි සිතා මේ ගාථාව පැවසුවා.

7. අනේ මගේ ප්‍රිය සොයුරෝ - මොනාද මේ කියන්නේ
   ඉතා සොඳුරු ජීවිතයක් - නසාගන්ට නේද හදන්නේ
   නොපැතිය යුතු දෙයක් පතා -
           ඇයි මෙතරම් වෙහෙසක් ගන්නේ
   සඳේ හාව කවදාවත් තොපට ගන්ට බෑ -
           ඇයි ඒ වග තාම නොදන්නේ

එතකොට සත පණ්ඩිතයන්ට තේරුණා දැන් තමන්ගේ සොයුරාට සිහිනුවණ උපදවන්ට අවස්ථාව ඇති වග. සත පණ්ඩිතයෝ තමන් මෙතෙක් බලා සිටි කරුණ මේ ගාථාවෙන් පැවසුවා.

8. කේසව මා සොයුර ඔයා -
          ඔයතරම් ම කරුණු දනියි නම්

නොලැබෙන දේ ඉල්ලන්නට එපා කියා -
ඔවදන් මටත් දෙයි නම්
සිව් මසකට කලින් මැරුණු පුතා -
ආයෙත් ඕනෙ කිය කියා
ඇයි එහෙනම් තවමත් ඔතරම් -
සෝක දුකෙන් කාලෙ ගෙවන්නේ

මෙසේ කියා වීදියේ සිටියදී ම සත පණ්ඩිතයෝ අහසේ සඳ පෙන්නුවා. "සොයුර... ආං අර බලන්ට පුන් සඳ... මං මෙතෙක් වේලා ඉල්ලුවේ ඇහැට පේන්ට තියෙන දෙයක්. නමුත් ඔයා... ඔයා ඉල්ලන්නේ තමන්ට හෝ වෙන කාටවත් ම හෝ නැවත දකින්ට නොලැබෙන දෙයක්. ඇයි තමන්ට දකින්ට නොලැබෙන දෙයක් ඉල්ල ඉල්ලා සෝක කරන්නේ?" කියා දහම් දෙසමින් මේ ගාථා දෙක පැවසුවා.

9. මිනිසෙක් වේවා ලොවේ දෙවියෙක් වේවා
මෙසේ උපන් මගේ පුතා මැරෙන්ට නම් එපා කියා
ඒ කාටවත් ම වළකවන්ට බැනෙ මරණය
ලබාගන්ට නොහැකි දෙයක් කෙලෙසින් ද ලබන්නේ

10. මන්තර මැතිරීමෙන් හෝ උතුම් බෙහෙත් දීමෙන් හෝ
කෝටි ගණන් වියදම් කොට -
නොයෙක් දේ කිරීමෙන් හෝ
වාසුදේව සොයුරෝ - මියගිය කෙනෙකුට නැවතත්
පණ දී නැගිටුවාගෙන -
තොප වෙත කැඳවන්නට හැකිදෝ?

වාසුදේව රජ හොඳින් සවන් දී අසාගෙන සිටියා. ඒ ගැන සිතන්ට පටන් ගත්තා. මිය ගිය අයෙකු වෙනුවෙන් ඔහුව දකින ආසාවෙන් සෝක කිරීම ඵලක් නැති බව

වටහා ගත්තා. එසැණින් ඔහුගේ සෝක දුක නිවී ගියා. සත පණ්ඩිතයා මෙතරම් දෙයක් කළේ වෙන කරුණකට නොව තමාගේ සෝක දුක නිවීමට ගියා වැටහුණා. සත පණ්ඩිතයන්ට ප්‍රශංසා කරමින් මේ ගාථා කීවා.

11. මේ වගේ නුවණ ඇති - පුරුෂ පණ්ඩිත ඇමතිවරු
යම් රජෙකුට ඔවදන් දෙන්ට සිටිත් නම්
අපේ සත පණ්ඩිතයා සේ -
අද මාගේ සෝක දුක නිව්වා නේ

12. ගිනි අඟුරු මැදට ගිතෙල් දමන විලසට
සිතේ සෝක දුක ඇවිලි ඇවිලි තිබුණනේ මට
අනේ ජලය දමා ඒ හැම ගිනි නිවා දමන සේ
නිවී ගියා නොවැ මාගේ හැම දුක් පීඩා

13. මා ළයෙහි ඇනී රිදුම් දිදී තිබුණ සෝක හුල
දරු දුකිනුයි හටගත්තේ -
සෝකෙන් ම යි මා පෙළුණේ
තොපගෙ උතුම් බස් අසා - සෝකය මගේ නැතිවුණා
නොහඬා නොවැලපී මං - දැන් සැනසිල්ලෙ ඉන්නවා

ඊට පස්සේ භාග්‍යවතුන් වහන්සේ මේ අවසන් ගාථාව වදාළා.

14. දුක් විඳිනා මිනිසුන් ගැන -
අනුකම්පා ඇති නුවණැත්තෝ
සත පණ්ඩිත තම සොයුරාගේ -
සෝදුක් නිවා දැමූ සේ
සෝක දුකින් පීඩිත ජනයා මුදවා -
සෙත සැලසිය යුතුය ඔවුන්ට

සත පණ්ඩිතයා වාසුදේව රජුගේ සෝකය නිව්වාට පසු බොහෝ කලක් දසබෑ රජවරු සතුටින් වාසය කළා. දවසක් දසබෑ රජුන්ගේ පුත් කුමාරවරු 'කණ්හදීපායන ඍෂිවරයා දිව්‍යස්ලාභියෙක් ය කියා හැමෝම කියනවා නොවැ. එය හැබෑවක් දැයි කියා ඇත්තට ම විමසන්ට ඕනෑ.' කියා කතා වුණා. ඉතින් මේ කුමාරවරු එක්තරා යොවුන් තරුණයෙකු ගැබ්බර මවක ලෙස සැරසුවා. දිගු රවුම් කොට්ටයක් කුසට බැඳ ඉදිරියට කුස නෙරා ආ ආකාරයට සැකසුවා. රජකුමාරවරු අර කොලුවාව කණ්හදීපායන තවුසා වෙත කැඳවාගෙන ගොස් පෙන්නුවා.

"තාපසින්නාන්ස, මේ කුමාරිකාව දුවෙක් වදාවි ද, නැතිනම් පුතෙක් වදාවි ද?"

එතකොට කණ්හදීපායන තාපසයෝ කල්පනාවට වැටුණා. 'ඕහ්... දසබෑ රජවරුන් විනාශ වෙන කාලය ඇවිත් වගේ. මගේ ආයුෂ තව කොතෙක් කල් තියේ ද?' කියාත් බැලුවා. 'ම්හ්... මට ජීවත් වෙන්ට තියෙන්නේ අද විතරයි නොවැ. අද මගේ මරණය සිදුවෙන දවස' කියාත් දැනගත්තා.

"රාජකුමාරවරුනි, මොහු ගැන තොපට දැන ගැනීමෙන් කවර යහපතක් ද?"

"නෑ නෑ... එහෙම කියන්ට එපා... මේ තැනැත්තී වදන්නේ කවුද කියා තොප කියන්ට ම ඕනෑ."

"ම්... එහෙනම් අහගන්ට. තව සතියකින් මෙයා කිහිරි කොටයක් වදනවා. ඒ කිහිරි කොටය නිසා තමයි මුළු වාසුදේව පරපුර ම වැනසෙන්නේ. එසේ නොවීමට

උපායක් කියන්නම්. ඒ කිහිරි කොටය අළු වෙනතුරු දවන්ට ඕනෑ. ඒ අළු සියල්ල ම නදියේ ගසාගෙන යන දියට දමන්ටත් ඕනෑ."

"ඕ... හෝ... මේන් බලාපල්ලා වැඩක්! ඈ කූට ජටිලයෝ... පිරිමි කොහොමෙයි දරුවන් වදන්නේ." කියලා කඹයක් ගෙන තාපසයාගේ හිස දැඩිව වෙලා එතැන ම මරා දැම්මා. තාපසයන්ගේ ජීවිතයට හානි කළ බව දසබෑ රජුන්ට දැනගන්ට ලැබුණා. එතකොට පුත් කුමාරවරු කැඳවා තොප මෙවැනි අපරාධයක් කළේ ඇයි ද කියා ඇසුවා.

"දේවයෙනි, අපට කොහොමත් සැක තිබුණා තාපසින්නාන්සේට දිවැස් නැති බවට. ඉතින් අපි කොලු-ගැටයෙක්ව ගැබ්බර කුමාරිකාවක් වගේ සරසාගෙන ගොහින් මෙයැයි වදන්නේ දුවක් ද පුතෙක් ද කියා ඇසුවා. එතකොට ඒකා මහ බොරුවක් කීවා. තව සතියක් ගිය තැන කොලුවා කිහිරි කොටයක් වදනවාලු. ඒ කිහිරි කොටෙන් මුළු වාසුදේව පරපුර ම නැසෙනවාලු. එහෙම නොවෙන්ට නම් එය පුළුස්සා අළු නදියේ ගසාගෙන යන්ට දමන්ටලු. ඒ කී දේ බොරු නිසයි අපි ඒකාව මැරුවේ."

"අයියෝ... නුඹලා කුමක්ද මේ කළේ. තාපසින්නාන්සේ දිවැස්ලාභියෙක් ම යි. උන්නාන්සේගේ වචනය බොරු වෙන්නේ නෑ." කියා හොඳටම භයට පත්වුණා. සතියක් ම කුස ලෙහන්නේ නැතිව ඒ කොලුවාට ආරක්ෂාව සැපයුවා. සතියක් ඇවෑමෙන් කුස ලිහා බලද්දී කොට්ටය ඇතුළේ කිහිරි කොටයක් තිබුණා. ඉක්මනින් ම ඒ කිහිරි කොටය දවා අළු කළා. ඒ අළු සියල්ල නදියට දැම්මා.

නදියේ පාවී ගිය අළු මෝයකටේ එක් පෙදෙසක ඉවුරක රැඳුණා. එතැනින් ඒරක ගසක් පැළවුණා.

දවසක් දසබෑ රජවරු මුහුදු ක්‍රීඩා කරන්ට ඕනෑ කියා මෝයකට අසළට ගියා. ගොහින් මහා මණ්ඩපයක් කරවා එහි කමින් බොමින් ප්‍රීති වෙමින් සිටියා. ඔවුන් සෙල්ලමට වගේ එකිනෙකාව අතින් පයින් තල්ලු කළා. බලාපොරොත්තු නොවූ පරිදි එය රණ්ඩුවක් බවට පත්වුණා. දෙපැත්තට බෙදී මහා කෝලාහලයක් හටගත්තා. කෝපයට පත් අයෙක් අතට ගන්ට මුගුරක් නැතිව එදා අළුගොඩින් උපන් ඒරක ගහේ කොළයක් කැඩුවා. ඒ කොළය අතට ගත් සැණින් කිහිරි මුගුරක් බවට පත්වුණා. ඔහු එයින් පිරිසට පහර දෙන්ට පටන් ගත්තා. අනිත් සියලු දෙනාත් දුවගොස් ඒරක කොළ කඩාගත්තා. ගත් ගත් කොළය කිහිරි මුගුරු බවට පත්වුණා. එකිනෙකාට පහර දී මහත් විනාශයකට පත්වුණා.

ඒ විනාශ වෙන අය අතර සිටි වාසුදේවත්, බලදේවත්, අංජනා දේවිත්, පුරෝහිතත් යන සිව්දෙනා පණ බේරාගෙන රථයට නැගී පලාගියා. අනිත් සියලු ජනයා නැසුණා. රථයෙන් පලාගිය සිව්දෙනා පිවිසුණේ කාලමත්තික වනාන්තරයට යි. මුට්ඨික මල්ලවශූරයා මියගොස් යක්ෂයෙක් ව ඉපිද සිටියේ ඒ වනයේ. බලදේව වනයට ආ වග ඔහු දැක්කා. දුටු ගමන් වනය මැද ගම්මානයක් මැව්වා. දැන් ඒ ගමේ මල්ලවපොර සන්දර්ශනයක්. යකා මල්ලවපොර ශූරයෙකුගේ වෙස් ගත්තා. "අඩේ... මල්ලවපොරයට දක්ෂ එකෙක් ඉන්නවා නම් වර" කියමින් අත්පුඩි ගසමින් ගර්ජනා කළා. ඔහු දුටු බලදේව වාසුදේවට මෙහෙම කීවා.

"අනේ සොයුර, මට අර මල්ලවපොරකාරයාට පාඩමක් උගන්වන්ට ම යි හිතෙන්නේ."

වාසුදේව එපා ම කීවා. එපා කියද්දී ම ඔහු රථයෙන් බැස්සා. ඔහු ළඟට ගිහින් අත්පුඩි ගසමින් සටනට එක්වුණා. මොහොතයි ගියේ. යකා දිගු කළ අතින් ම ඔහුව ළඟට ඇදලා ගත්තා. බතල අලයක් කනවා වගේ කාගෙන ගියා. බලදේව අවසන් වූ බව දුටු වාසුදේව සොයුරියත් පුරෝහිතත් සමග ඒ මොහොතේ ම රථයෙන් පලාගියා. හිරු උදාවීගෙන එද්දී එක්තරා පිටිසර ගමකට සේන්දු වෙන්ට පුළුවන් වුණා. 'මොනවාහරි උයාපු දෙයක් ඇන්න වරෙං' කියා සොයුරියත් පුරෝහිතත් ගමට පිටත් කළා. තමන් පඳුරක් අස්සට වැදී හාන්සි වී සිටියා.

එතකොට 'ජරා' නමැති එක්තරා වැද්දෙක් ගස් සෙලවෙනවා දැක එතන ඌරෙක් ඇත කියා සිතා සැතකින් දමා ගැසුවා. එය වැදුනේ වාසුදේවගේ පාදයේ කලවයට යි. "කවුද මට විද්දේ?" කියා කෑගසාගෙන නැගිට්ටා. වැද්දා බියෙන් පැනයන්ට පටන් ගත්තා. වාසුදේව රජ සිහිය පිහිටුවාගෙන ඔහුට කථා කළා.

"අනේ මාමේ මෙහෙ වරෙං... භයගන්ට කාරි නෑ. උඹේ නම මොකක්ද?"

"අනේ ස්වාමී... මට කියන්නේ ජරා කියලා."

'ඕහ්... ජරාවෙන් විද්දොත් මැරෙනවා ම යි කියා පැරණි කීමක් තියෙනවා නොවැ. සැකයක් නෑ. අද මං මැරෙන්ට නියමිත ව ඇති.' කියා සිතා "මාමේ මෙහෙ වරෙං. මගේ කකුලේ විෂ සැත වැදුන තැන කපා දමාපං." කියා තුවාල මස කපා දම්මවා ගත්තා. මහත් වේදනාවෙන්

දුක් වින්දා. අනික් දෙන්නා ගෙනා ආහාරයවත් අනුභව කරන්ට ලැබුණේ නෑ.

වාසුදේව රජු ඔවුන් අමතා මෙය කීවා. "අද මං මැරෙන්ටයි යන්නේ. උඹලා සියුමැලියි. වෙනත් රස්සාවක් කොට ජීවත් වෙන්ට අමාරු නම් කෝකටත් මේ ශිල්පය ඉගෙන ගනිං" කියා එක්තරා ශිල්පයකුත් ඉගැන්නුවා. උගන්වා ඔවුන්ව පිටත් කරවා සුළු මොහොතකින් මරණයට පත්වුණා. පණ බේරාගත්තේ අංජනා දේවී පමණයි. සියලු දසබෑ රජවරු නැසී ගියා.

භාග්‍යවතුන් වහන්සේ මේ කථාව පවසා "උපාසක, ඉස්සර සිටිය නුවණැත්තෝ නුවණැත්තන්ගේ බස් අසා තමන්ගේ පුත්‍ර ශෝකය නැතිකරගන්ට සමත් වුණා" කියා චතුරාර්ය සත්‍ය ධර්මය වදාළා. ඒ දේශනාවේ කෙළවර උපාසක සෝවාන් ඵලයට පත්වුණා. "මහණෙනි, එදා රෝහණෙය්‍ය ඇමතියාව සිටියේ අපගේ ආනන්දයෝ. වාසුදේව රජ ව සිටියේ අපගේ සාරිපුත්තයෝ. අනිත් අය අපගේ බුදුපිරිස යි. ඝත පණ්ඩිත ව සිටියේ මම ය" කියා මේ ඝත ජාතකය නිමවා වදාළා.

දසවෙනි නිපාතය අවසන් විය.

මහාමේඝ ප්‍රකාශන

- **ත්‍රිපිටක පොත් වහන්සේලා :**

01. දීඝ නිකාය 1 කොටස
(සීලක්ඛන්ධ වර්ගය)
02. දීඝ නිකාය 2 කොටස
(මහා වර්ගය)
03. දීඝ නිකාය 3 කොටස
(පාථික වර්ගය)
04. මජ්ඣිම නිකාය 1 කොටස
(මූල පණ්ණාසකය)
05. මජ්ඣිම නිකාය 2 කොටස
(මජ්ඣිම පණ්ණාසකය)
06. මජ්ඣිම නිකාය 3 කොටස
(උපරි පණ්ණාසකය)
07. සංයුත්ත නිකාය 1 කොටස
(සගාථ වර්ගය)
08. සංයුත්ත නිකාය 2 කොටස
(නිදාන වර්ගය)
09. සංයුත්ත නිකාය 3 කොටස
(ඛන්ධක වර්ගය)
10. සංයුත්ත නිකාය 4 කොටස
(සළායතන වර්ගය)
11. සංයුත්ත නිකාය 5 කොටස
(මහා වර්ගය - 1)
12. සංයුත්ත නිකාය 5 කොටස
(මහා වර්ගය - 2)
13. අංගුත්තර නිකාය 1 කොටස
(ඒකක, දුක, තික නිපාත)
14. අංගුත්තර නිකාය 2 කොටස
(චතුක්ක නිපාත)
15. අංගුත්තර නිකාය 3 කොටස
(පඤ්චක නිපාත)
16. අංගුත්තර නිකාය 4 කොටස
(ඡක්ක, සත්තක නිපාත)
17. අංගුත්තර නිකාය 5 කොටස
(අට්ඨක, නවක නිපාත)
18. අංගුත්තර නිකාය 6 කොටස
(දසක, ඒකාදසක නිපාත)
19. ඛුද්දක නිකාය 1 කොටස
(ඛුද්දකපාඨ පාළි, ධම්මපද පාළි, උදාන පාළි, ඉතිවුත්තක පාළි)
20. ඛුද්දක නිකාය 2 කොටස
(විමාන වත්ථු , ප්‍රේත වත්ථු)

- **ධර්ම දේශනා ග්‍රන්ථ :**

01. කියන්නම් සෙනෙහසින් මිය නොයන් හිස් අතින්
02. තෝරාගනිමු සැබෑ නායකත්වය
03. දම් දියෙන් පණ දෙව් විමන් සැප
04. ගිහි ගෙයි ඔබ ඇයි?
05. මෙන්න නියම දේවදූතයා
06. අතරමං නොවීමට...
07. සුන්දර ගමනක් යමු
08. ලෙඩ දුක් වලින් අත්මිදෙමු
09. ලෝකය හැදෙන හැටි
10. මරණය ඉදිරියේ අසරණ නොවීමට නම්
11. අපේ නව වසර බුද්ධ වර්ෂයයි
12. සැබෑ බිරිඳ කවුද?
13. රහතුන්ගේ ධර්ම සාකච්ඡා
14. සැබෑ දියුණුවේ රන් දොරටුව
15. ස්වර්ණමාලී මහා සෑ වන්දනාව
16. ගෞතම සසුනේ පිහිට ලබන්නට...
17. පින සහ අවබෝධය
18. සැබෑ බසින් මෙම සෙත සැලසේවා !
19. සුගතියට යන සැලැස්මක්
20. පිනක මහිම

- **සදහම් ග්‍රන්ථ :**

01. පිරුවානා පොත් වහන්සේ
02. ඔබේ සිත සමඟ පිළිසඳරක්
03. සිතට සුවදෙන භාවනා
04. පින් මතුවෙන වන්දනා
05. ශ්‍රී සම්බුද්ධත්ව වන්දනා
06. සිරි ගෞතම බෝධි වන්දනාව
07. අසිරිමත් පසේබුදු පෙළහර
08. අනේ..! අපේ කථාවත් අහන්න...
09. ධාතුවංශය
10. නුවණැතියන් සද්ධර්මයට පමුණුවන අසිරිමත් පොත් වහන්සේ - නෙත්තිප්පකරණය
11. මහාවංශය
12. පාළි-සිංහල මහා සතිපට්ඨාන සූත්‍ර දේශනාව
13. ප්‍රජාපතී ගෞතමී මහරහත් තෙරණින් වහන්සේ පිරිනිවන් පෑ අවසන් මොහොත!

14. සිරිමත් වෙසතුරු දාව
15. අච්ඡරිය මනුස්සෝ

- **ජාතක කථා පොත් පෙළ :**

කොටස් වශයෙන් පළවන, ජාතක පොත් වහන්සේට අයත් කතා වස්තූන් "නුවණ වැඩෙන බෝසත් කථා" නමින් පොත් 44 ක් මේ වන එළිදක්වා ඇත.

- **අලුත් සදහම් වැඩසටහන :**

01. දුක් බිය නැති ජීවිතයක්
02. දස තථාගත බල
03. දෙව්ලොව උපත ඒකවරණයකි
04. නුවණ වැඩීමට පිළියමක්
05. ලොවෙහි එකම සරණ
06. මෙන්න දුකේ රහස
07. නුවණ ලැබීමට මුල් වන දේ
08. නිවැරදි ලෙස දහම දැකීම
09. මොකක්ද මේ ක්ෂණ සම්පත්තිය?
10. පඤ්ච උපාදානස්කන්ධය
11. ප්‍රඥාවමයි උතුම්
12. නුවණින් විමසීම අපතේ නොයයි
13. පිහිටක් තියෙනවා ම යි
14. කොහොමද පිහිට ලැබගන්නේ...?
15. බුදු නුවණින් පිහිට ලබමු
16. අසිරිමත් දහම් සාකච්ඡා
17. දිව්‍ය සභාවක අසිරිය
18. ආර්ය ශ්‍රාවකයාගේ අවබෝධය
19. අසිරිමත් මහාකරුණාව!
20. විස්මිත පුහුණුව
21. අපට සොඳ ය සියුම් නුවණ
22. දුකෙන් මිදෙන්ට ඕනෑ නැද්ද?
23. නුවණැත්තෝ දකිති දහම
24. තමාට වෙන දේ තමාවත් නොදනියි
25. දැන ගියොත් තිසරණයේ, නොදැන ගියොත් සතර අපායේ
26. විහින් අමාරුවේ වැටෙන්න එපා!
27. නුවණින් ම යි යා යුත්තේ
28. සැබෑ පිහිට හඳුනාගනිමු

- **ඉංග්‍රීසි භාෂාවට පරිවර්තනය වී ඇති ධර්ම දේශනා ග්‍රන්ථ :**

01. Mahamevnawa Pali-English Paritta Chanting Book
02. The Wise Shall Realize
03. The life of Buddha for children
04. Buddhism

- **ඉංග්‍රීසි භාෂාවට පරිවර්තනය වී ඇති සූත්‍ර දේශනා ග්‍රන්ථ :**

01. Stories of Ghosts
02. Stories of Heavenly Mansions
03. Stories of Sakka, Lord of Gods
04. Stories of Brahmas
05. The Voice of Enlightened Monks
06. The Voice of Enlightened Nuns
07. What Does the Buddha Really Teach? (Dhammapada)
08. What Happens After Death - Buddha Answers
09. This Was Said by the Buddha
10. Pali and English Maha Satipatthana Sutta

පූජ්‍ය කිරිබත්ගොඩ ඤාණානන්ද ස්වාමීන් වහන්සේ විසින් රචිත සියලුම සදහම් ග්‍රන්ථ සහ ධර්ම දේශනා ලබාගැනීමට

ත්‍රිපිටක සදහම් පොත් මැදුර

අංක 70/A/7/OB, YMBA ගොඩනැගිල්ල, බොරැල්ල, කොළඹ 08

දුර : 077 47 47 161 / 011 425 59 87

ඊ-මේල් : thripitakasadahambooks@gmail.com

පූජ්‍ය කිරිබත්ගොඩ ඤාණානන්ද ස්වාමීන් වහන්සේ විසින් රචිත
සියලුම සදහම් ග්‍රන්ථ සහ
ධර්ම දේශනා ඇතුළත් සංයුක්ත තැටි ඇතුළුව
මහමෙව්නාවේ සියලු සදහම් ප්‍රකාශන

දැන් ඔබට අන්තර්ජාලය හරහා ඇණවුම් කොට
නිවසට ම ගෙන්වා ගත හැකියි.
පිවිසෙන්න අපගේ වෙබ් අඩවියට...

මහාමේඝ MAHAMEGHA .store

www.mahamegha.store

සම්පත් විශ්ව, මාස්ටර් කාඩ්, වීසා කාඩ් ඇතුළු ඕනෑම
කාඩ්පත් ක්‍රමයකින් මුදල් ගෙවීම් සිදුකළ හැකියි.

ඊට අමතරව **Cash on Delivery** සේවාව හරහා
ඇණවුම් කරන ලද සදහම් ප්‍රකාශන ඔබ වෙත ලැබුණු පසු
මුදල් ගෙවීම ද සිදුකළ හැකියි.

මහාමේඝ ප්‍රකාශකයෝ
වඩුවාව, යටිගල්ඔළුව, පොල්ගහවෙල.
දුර : 037 2053300, 076 8255703, 070 511 7 511
විද්‍යුත් තැපැල් : info@mahamegha.store

www.ingramcontent.com/pod-product-compliance
Lightning Source LLC
LaVergne TN
LVHW011942070526
838202LV00054B/4759
9786245524051